SHODENSHA
SHINSHO

人は100メートル9秒台で走れるか

之

祥伝社新書

はじめに

かけっこ、あるいは徒競走といえば、小学校の運動会などではメインイベントのひとつとされています。クラスで一番になったという、いい思い出を持っている方もいれば、そうでない方もいらっしゃるでしょう。

実は運動会は日本だけに見られる文化で、明治時代に海軍兵学校でイギリス人教師が始めたと言われています。その後、当時の文部省が体育による集団訓練を奨励したこともあり、各地域の祭りの要素も加わった日本独自の「スポーツ・フェスティバル」として全国へ広まっていきました。

オリンピックにおいても、一〇〇メートル走に代表される短距離種目は花形です。この競技で勝った者は「世界最速」の称号を与えられるのです。

現在の一〇〇メートル世界記録は、ジャマイカのウサイン・ボルト選手が持つ九秒五八です。一九六センチという陸上選手としては大柄な身体がダイナミックに走る様子は、誰が見ても魅了されるでしょう。

一方の日本記録は、伊東浩司《いとうこうじ》選手が一九九八年に出した一〇秒〇〇です。その後の一五年以上、日本人選手は「一〇秒の壁」に阻《はば》まれてきました。日本人スプリンターにとって九秒台は悲願と言っても過言ではありません。

近年、その悲願の達成に向けて明るい兆《きざ》しが見えてきました。

二〇一三年、当時一七歳の桐生祥秀《きりゅうよしひで》選手が一〇秒〇一を記録しました。これはジュニア（二〇歳未満）での世界タイ記録です。また現在、慶應義塾大学に在学中の山縣《やまがた》亮太《りょうた》選手は一〇秒〇七という、オリンピックにおける日本人最高記録を持っており、「九秒台にもっとも近い男」の一人とされています。

「より速く走る」

短距離走（スプリント走）の魅力は、とても単純で、だからこそ夢にあふれています。どうすれば、今よりももっと速く走れるようになるのか。その疑問に科学で答えようとするのが、筆者の専門とする「スポーツ・バイオメカニクス」という分野です。

このバイオメカニクスにより、速く走るためのメカニズムが解明され、それを実際にコーチと選手たちが日々の練習に活《い》かし、成績を伸ばしてきました。成果が現われてきたのは比較的最近のことで、日本はバイオメカニクスにおいて世界でももっとも進んでいる国と言えます。

本書では、日本人選手がもっと速く走ることはできるのか、九秒台を達成することは可能なのか、に迫りながら、バイオメカニクスの最新研究成果をわかりやすくお伝えできればと思います。

二〇一四年三月

深代《ふかしろ》 千之《せんし》

目次

第1章　なぜ、ボルトは速いのか

第2章 「走る」ことのメカニズム

第3章　日本人は一〇〇メートル九秒台で走れるか

第４章 「バイオメカニクス」で人の動きはどう変わる？

第1章

なぜ、ボルトは速いのか

●陸上短距離の国際比較――なぜジャマイカ・アメリカが速いのか

現在（二〇一四年二月末）、陸上競技の一〇〇メートル走の世界記録は、男子がジャマイカのウサイン・ボルト選手の九秒五八、女子はアメリカのフローレンス・ジョイナー選手の一〇秒四九です。

次ページの表で歴代一〇傑を示しますが、男女ともに、ジャマイカやアメリカを中心としたアフリカ系の選手が上位の記録を持っています（図1－1）。

こうした結果だけを見ていると「やっぱりアフリカ系の選手は短距離に向いているんだな」「遺伝子が違うのだから、とてもかなわない」と思ってしまうかもしれません。

「速く走るためにはどう身体を使えばいいのか」というテーマは、実は、この二、三〇年ほどで明らかになってきたことで、「アフリカ系の選手はなぜ速いのか」ということがスポーツにおける身体動作として科学的に解明されるようになったのも、それ

図1-1 陸上100メートル走　歴代記録上位10人

（男子）

順位	記録	名前	国籍	記録日
1	9秒58	ウサイン・ボルト	ジャマイカ	2009年8月16日
2	9秒69	タイソン・ゲイ	アメリカ合衆国	2009年9月20日
		ヨハン・ブレーク	ジャマイカ	2012年8月23日
4	9秒72	アサファ・パウエル	ジャマイカ	2008年9月2日
5	9秒78	ネスタ・カーター	ジャマイカ	2010年8月29日
6	9秒79	モーリス・グリーン	アメリカ合衆国	1999年6月16日
		ジャスティン・ガトリン	アメリカ合衆国	2012年8月5日
8	9秒80	スティーブ・マリングス	ジャマイカ	2011年6月4日
9	9秒84	ドノバン・ベイリー	カナダ	1996年7月29日
		ブルニー・スリン	カナダ	1999年8月22日

（女子）

順位	記録	名前	国籍	記録日
1	10秒49	フローレンス・ジョイナー	アメリカ合衆国	1988年7月16日
2	10秒64	カーメリタ・ジーター	アメリカ合衆国	2009年9月20日
3	10秒65	マリオン・ジョーンズ	アメリカ合衆国	1998年9月12日
4	10秒70	シェリーアン・フレーザープライス	ジャマイカ	2012年6月29日
5	10秒73	クリスティーン・アーロン	フランス	1998年8月19日
6	10秒74	マリーン・オッティ	ジャマイカ	1996年9月7日
7	10秒75	ケロン・スチュワート	ジャマイカ	2009年7月10日
8	10秒76	エベリン・アシュフォード	アメリカ合衆国	1984年8月22日
		ベロニカ・キャンベルブラウン	ジャマイカ	2011年5月31日
10	10秒77	イリーナ・プリワロワ	ロシア	1994年7月6日
		イベット・ラロワ	ブルガリア	2004年6月19日

ほど昔のことではないのです。そして、それを研究するのが、筆者の専門である「スポーツ・バイオメカニクス」という分野です。

たとえば男子一〇〇メートル走の前世界記録保持者、アサファ・パウエル選手（ジャマイカ）は、スタート直後、爆発的に加速して他の選手を一気に引き離してしまいます。

なぜそんなことができるのか。そのメカニズムは、加速を科学的に分析してみることでわかります。加速の量は「地面を蹴《け》る力の強さ」と「力をかける時間の長さ」の掛け算（これを「力積《りきせき》」と呼びます）の大きさで決まります。つまり、より強い力でより長い時間、地面を蹴ることができれば、力積が大きくなるので、より加速量は増大するわけです。

パウエル選手のスタートダッシュを分析すると、脚《あし》で地面を蹴っている時間が、日本のトップ選手に比べて四〇％ほど長いことが明らかにされています。圧巻の加速は、接地時間の長さによって、力積が大きくなることで実現していました。

この蹴り出しを可能にしているのは、お尻の大殿筋《だいでんきん》や太ももの裏側で骨盤と膝《ひざ》下を

図1-2 走るのに使う脚の筋肉

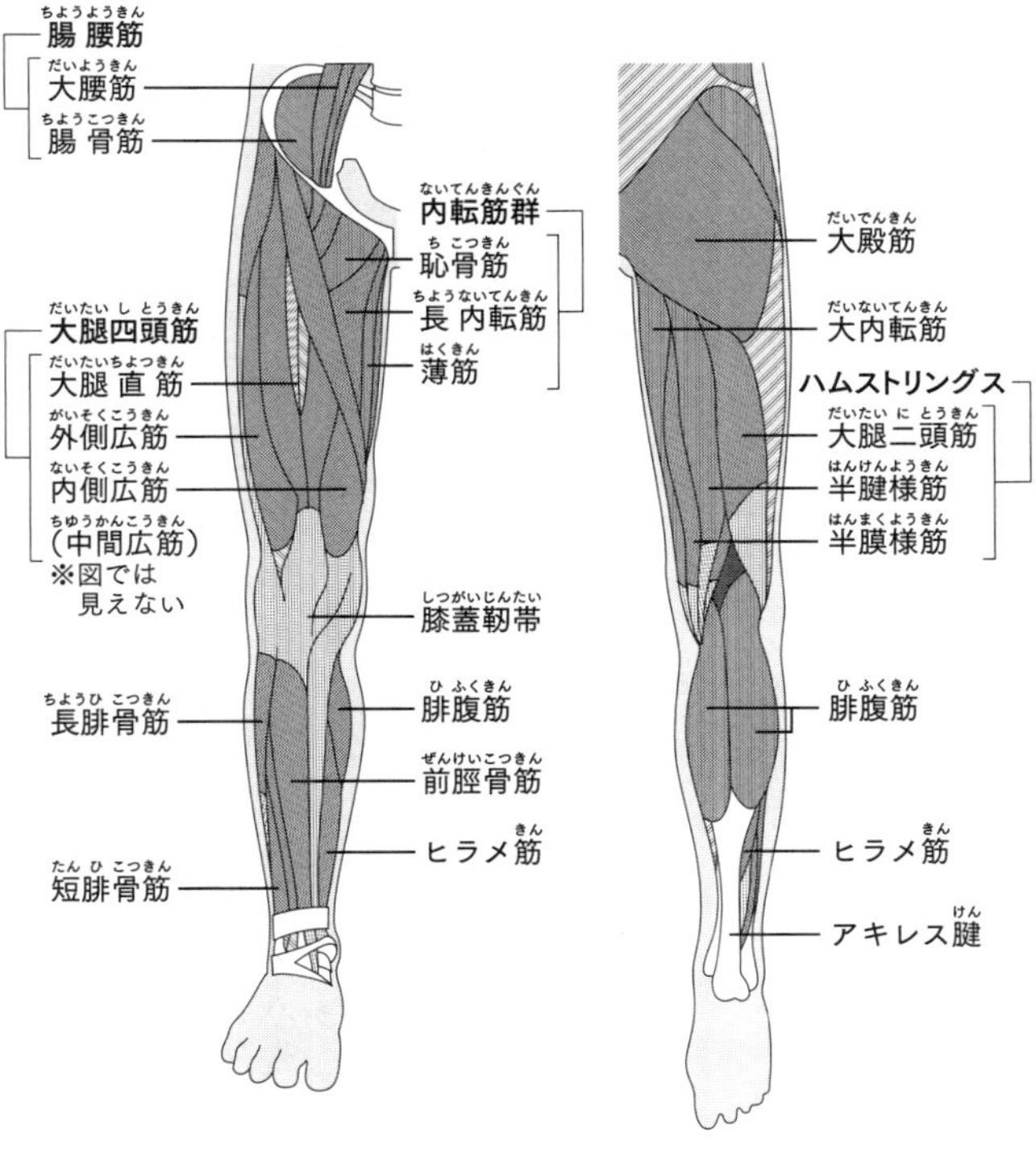

つないでいる筋肉群、すなわちハムストリングスの強靭《きょうじん》さです（図1－2）。

さらにパウエル選手の大腰筋《だいようきん》は、横断面積が日本のトップ選手の二倍もありました。大腰筋は、太腿骨の上端と背骨をつないでいる筋肉で、脚を前に運ぶために重要な働きをしています。筋力は筋肉の横断面積に比例しますから、日本人選手の二倍の力で、脚を前に運べることになります。

●「規格外」の身体を持つボルト

現在の世界記録保持者、ウサイン・ボルト選手の身長は一九六センチ。短距離選手（スプリンター）としてはかなり大柄です。

身長が高く、脚が長ければ、その分だけストライド（歩幅）が大きくなるので走る速度も速くなる。そう思われる方も多いのではないでしょうか。

しかし、スプリンターは、単純に「大きいほうが有利」とは言えません。これは同じ体形で身長が高くなったとすると、筋力は身長の二乗に比例する横断面積の分だけ増加しますが、体重は身長の三乗に比例する体積分が増加するという「スケール効果」があって、筋力が追いつかなくなるからです。実際、一〇〇メートルを九秒台で走る一流選手の中には、身長一七〇センチ台の選手が何人もいます。

一般に、長身選手はストライドでは有利ですが、脚を振り子のように速く回転させるのは不利です。ところがボルト選手は、長い脚を速く回転させています。

なぜそれが可能かというと、彼の体形に理由があります。ボルト選手は腕や脚の付け根から体幹部に筋肉が集中していて、手足の先はほとんど筋肉が付いていないかのように細長い。これが脚を速く回転させられる秘密です。野球のバットは、普通に握るより逆に持てば速く振れるのと同じです。

第2章で詳しく説明しますが、バイオメカニクスの研究が進むとともに、ボルト選手をはじめとする現代の一流選手の走法は、股関節を中心に、脚を振り子のように回転させていることがわかってきました。

「速く走るためにはももを高く上げる」と、体育の授業などで教わった読者も多いでしょうが、一流選手はももを高く上げるというよりも、股関節を中心に脚をより速く回転させて、より速く前方へ運んでいました。太ももが体の後ろにあるとき、より速く体に引きつけることが重要だったのです。また膝や足首も「地面を強く蹴る」というよりも、うまく地面を押しているのです。

ボルト選手の場合、この理想的な「振り子走り」をするために必要な筋肉を持っている、まさに理想的な体形でした。あれだけの記録を出せる理由は、走法と体形が見事に合致している点にあります。

脚を振り子のように回転させるのは、股関節を中心にももを前方へ引きつける「腸腰筋《ちょうようきん》」「大腿直筋《だいたいちょっきん》」、反対に後方へと振り戻す「大殿筋」といった筋肉の働きです。

これらは骨盤と背骨、骨盤と大腿骨といった胴体（体幹）近くにある筋肉ですから、こうした筋肉を鍛《きた》える一方、手足の末端部に不要な筋肉を付けないようにすれば、ボルト選手のような体形になっていきます。

また腕を速く動かすには、やはり体幹の筋肉が強く、前腕が軽いことが理想です。つまり、体幹に近いところほど筋肉が太く、バットを逆にしたような筋肉の付き方が「振り子走り」に理想的な体形です。付け根はあくまで太く、末端にいくほど細いサラブレッドの四肢《しし》のようになるわけです。

●足の速さを決めるのは遺伝子なのか？

こと短距離走に関して、理想的な走法に合致する理想的な体形、となると日本人の体形が不利なことは否《いな》めません。短い手脚の末端にまで太く筋肉が付きがちな日本人は、スプリンターとして太刀《たち》打ちできないのでしょうか？

かつては、定住生活をする農耕民族である日本人と、狩猟民族や遊牧民族の末裔《まつえい》である アフリカ人や欧米人の違いだから仕方がない、とする考え方もありました。

しかし、一九九二年のバルセロナ・オリンピックで高野進《たかのすすむ》選手が四〇〇メートルの決勝に進出したころから、様子が変わってきました。

一九九八年に伊東浩司選手が一〇〇メートル走で一〇秒〇〇を記録し、二〇〇三年の世界陸上パリ大会では末續慎吾《すえつぐしんご》選手が二〇〇メートル走で三位に入るなど、日本陸上界は多くのスプリンターを輩出するようになりました。

図1－3は、男子一〇〇メートル走の世界記録と日本記録の推移を図にしたものです。世界記録は二〇〇〇年代に入って急速に伸びたことがわかりますが、一方、日本でも一九九〇年代に一挙に記録が伸びています。つい最近まで、アフリカ系の選手を除いたときの、一〇〇メートル走の世界記録は日本人だったのです。

本書ではその理由を述べていきますが、目標を持って正しくトレーニングすれば、速く走る体形に近づけることも可能です。最近の日本陸上界の短距離選手の活躍は、その裏付けと言っていいでしょう。

短距離走の走法に限りませんが、スポーツの巧《たく》みさ・スキルは、生まれつき持っている遺伝子の違いよりも生後の練習、すなわち環境によって決まる部分が大きいのです。

身体運動の環境を支えているスポーツ科学には、私が専門にしているバイオメカニクスのほかにも、運動生理学、トレーニング科学、栄養学、医学などさまざまな分野があります。

図1-3

陸上男子100メートルの世界記録・日本記録の推移

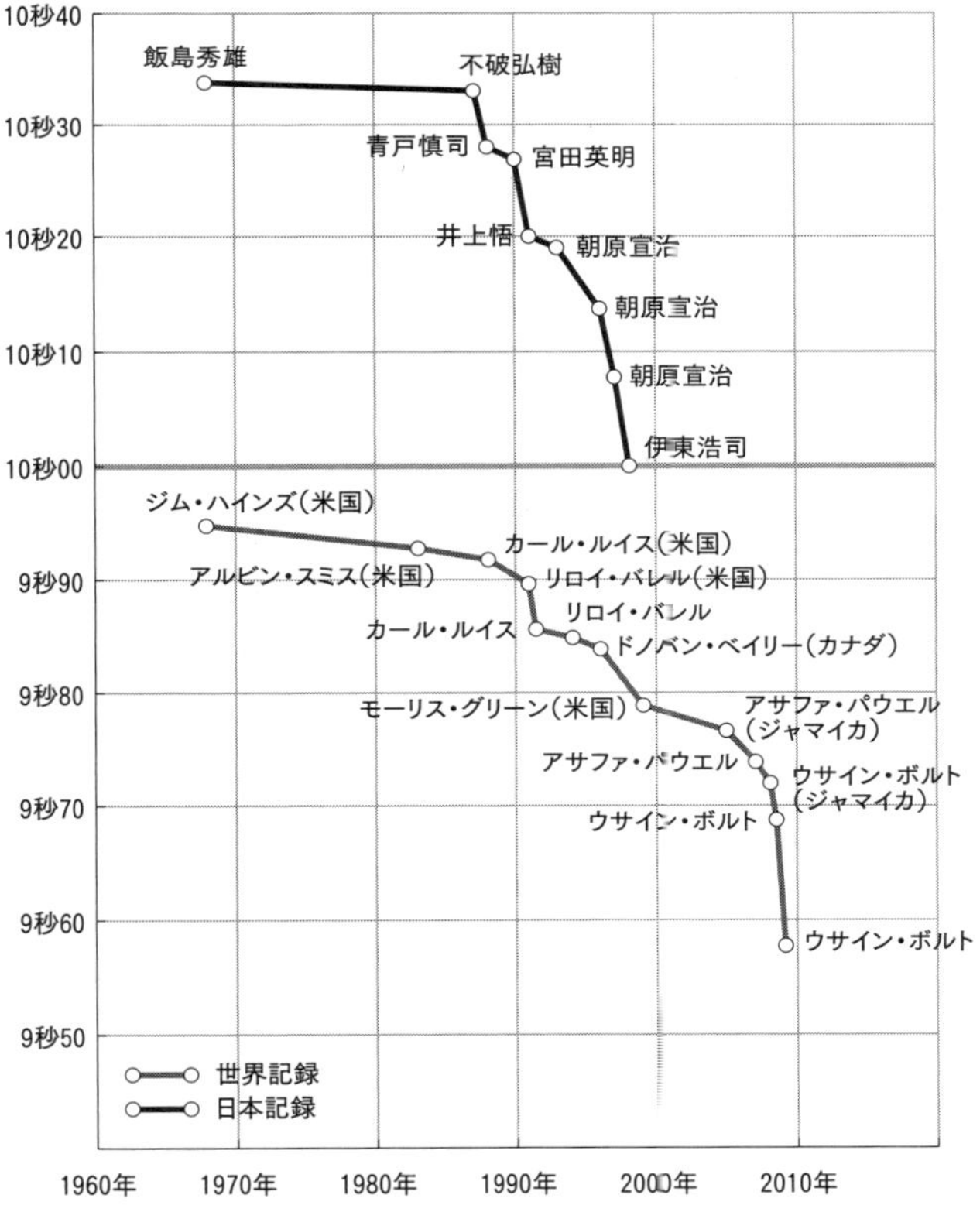

ものづくりの世界で日本が強みとするのは「擦《す》り合わせ」だと言われます。部品やユニットを単に組み合わせて製品にするのではなく、お互いに調整して最適な性能や機能を発揮できるようにする。こうした開発プロセスを持っているところが日本の製造業の長所とされるわけですが、スポーツ科学でも同じことが言えそうです。

つまり現場である選手たちを含め、さまざまな分野が連携し「擦り合わせ」して最適化する。そんな環境が整ってきています。

これまでと同じトレーニングを続けていても、速く走れる能力を持った選手が生まれてしまうような環境、すなわちアフリカ系の選手が多いジャマイカやアメリカのコーチは、取り立てて勉強しなくていいでしょう。でも、日本はそうはいかない。だからスポーツ科学のさまざまな分野の研究者に聞いたり、勉強したりというところからチームができていく。

その中から「どうやったら速く走れるか」がわかってきたわけです。

●バイオメカニクスが解明した理想の走りとは

「速く走るためにはももを高く上げろ」という間違った教えは、何も体育だけではなく、かつては陸上短距離のトップの選手に対してもされていました。こうした誤解は、走り方を形だけで捉《とら》えていたために生じたものでしょう。

バイオメカニクスの研究が進む以前は、速い選手のフォーム＝形を連続写真によって調べ、それを真似していました。速く走る選手は、太ももをどのくらいまで上げているか、腕はどのくらいまで振っているかという、スチール写真から見える位置情報に頼っていたわけです。

確かに、速い選手の走りではももが高い位置まで上がっていることが多い。しかし、大切なことは、「いつ、どこに、どれぐらいの力を入れているか」という点です。複数のビデオから一流選手の走り方を三次元で力学的に分析すると、スチール写真では見えなかった、どのタイミングでどこにいちばん力を入れているかがわかります。

大腿が高く上がって見えるのは、正しく力を入れて大腿を引き上げた結果、そうなっているだけで、大腿を高く上げるから速く走れるわけではありません。

形だけを見て大腿を高く上げようとすると、大腿を上げるタイミングで力を入れてしまいますが、これはまちがい。実際には引き上げる手前で力を入れているのです。ムダな力を入れると筋肉が疲労してしまう問題とともに、本来必要な動きのじゃまをする、ブレーキ作用となる場合もあるので避けなくてはいけません。

形だけ、見た目だけを真似ると、よかれと思ってしたことがまったく逆の作用になってしまうこともあるのです。

一方、どのタイミングでどこの筋肉に力を入れるかという情報は、どの選手でも共通して使えます。人間が二本脚で速く走るために、何が本質的なことなのか——バイオメカニクスが解き明かしたことのひとつです。

言い換えればバイオメカニクスによって、どの筋肉をどういうふうに動かせばいいか、走るときの目標がわかったのです。

たとえば股関節を中心にして走るのがよいとわかったのは、この一五年間のことです。それまでは一流ランナーでも、股関節を使わずに走っている人がいました。意識せずにできていて速く走れる人と、できていないけれどもそれなりに速く走れてしまう人がいた、というわけです。

バイオメカニクスによって、股関節を中心にして脚を交互にいかに速く切り換えるかが目標とする動作だと判明したことで、すべての選手にとって現代の一流ランナーになるための必要条件が可視化されました。

その動作を実現するためには、大腿の「振り上げ」と「振り戻し」という動作をつかさどっている腸腰筋とハムストリングス、大殿筋を鍛えて、それ以外の足の筋肉(とくに先端部)は重りにならないよう太くしないことが大切だ、と道筋がつながってくるのです。

●世界大会でメダルが狙える男子四〇〇メートルリレー

目標となる「理想の走り方」がわからなければ、トレーニングは手探りになってしまいます。私がバイオメカニクスの門を叩いた四〇年くらい前まで、選手もコーチも手探りでした。だからその当時は、素質の上に走りの理論や練習の方法論をそれぞれに工夫して、うまく合致した人だけが好成績を残していたと言えるでしょう。

日本のスプリント史上、世界レベルに迫ったことが過去に三回あります。

一九三二年（昭和七年）のロサンゼルス・オリンピックの一〇〇メートル走で、東洋人初となる六位入賞を果たした吉岡隆徳《よしおかたかよし》選手。吉岡選手の一〇秒三というタイムは、当時の世界タイ記録であり、長く日本記録にとどまり続けました。

それを破ったのが、一九六四年に西ベルリンの国際陸上大会で一〇秒一を記録した飯島秀雄《いいじまひでお》選手です。同年の東京オリンピックでは、一次予選で予選最高となる一〇秒三のタイムを出しており、準決勝まで残りました。二次予選でゴール直後に転倒した影響もあって決勝には進めませんでしたが、世界レベルに手が届いていた選手です。

そして一九九二年のバルセロナ・オリンピックで四〇〇メートル走の決勝に残ったのが高野進選手で、四五秒一八で八位入賞を果たしました。高野選手の現役時代は、私も見ていましたが、日本でのレースでは最後の直線はトップを彼ひとりが走り、二

○メートルくらい離れて二位の選手がいるという独走状態でした。八〇年代から九〇年代初頭のアジア大会では、高野選手の独壇場だったと言ってもいいくらいです。

ほぼ三〇年ごとに登場した彼らは、走りが科学的に解析されていない時代に、創意工夫によって世界レベルに手が届いた突出したスプリンターでした。でもその陰に、手探りで間違った方向に進んでしまったために失敗していった人もたくさんいたわけです。

それが近年は、失敗して消えてしまう人が少なくなって、底上げができるようになりました。今、四〇〇メートル走では多くの選手が高野選手の現役時代くらいの記録で走っています。

また、男子四〇〇メートルリレーは世界大会でつねに決勝に進出し、メダルを狙《ねら》えるまでになりました。これは全体のレベルが高くなったことの証拠です。日本のスポーツ科学が大きく貢献した成果なのです。

●力学的に理にかなった走り方は一つしかない

茶碗を持ち上げるときと、ダンベルを持ち上げるときでは、力の出し方は違います。「だいたいこのくらいの重さだろう」と見当をつけて力を出すわけです。つまり筋肉の動きは主観、予測でつくっています。だからダンベルの形なのに発泡スチロールでできていたとしたら、すかっと空ぶりしてしまいます。

人が筋肉を動かす力の大きさはあくまでも主観、感覚で出しているので、客観的にどうなっているのか、どんなタイミングでどの筋肉が発動しているかは調べなくてはわかりません。「一〇〇メートルを、九秒九で走った感じ」などと言っても意味がないですよね。

実際に走るときは、主観と客観をうまく擦り合わせていくことが必要になりますが、ここを鍛えて、こういう動きをすれば必ず速くなるということを提示する。客観となる材料を提供する。これがバイオメカニクスの役割です。

ただし、当たり前ですが、それを知ったからといって速く走ることができるようになるわけではありません。どう使うかは選手とコーチです。どう意識すれば、速く走るのに必要な部分の筋肉が動き、理想の走り方に近付くことができるのか。それらの感覚を身体に覚え込ませるといった作業は、実際に走る選手の主観になってきますから、科学とは別の段階になります。

選手が一〇〇人いれば感覚も一〇〇通りある。けれども、力学的に見ると理にかなった走り方は一つしかない。それを提示して、選手とコーチはそれぞれの体形だとか、筋力などに合わせて積み重ねていくわけです。

脚を速く振り戻すために大腰筋を強化する必要がある、とわかっていれば「この選手の場合はこの筋肉を鍛えればいい」などと、コーチの指示が正しい方向で絞り込めます。「こうすれば必ずこういう結果になる」というのが科学です。

一方、「この感覚で体を動かしたらこうなるかもしれない」という主観や感覚の世界を、私は「芸術（アート）」の領域と呼んでいます。科学によってやるべきことを絞り込み、その先は選手とコーチが二人三脚で感覚を磨《みが》き、「芸術」として高めていく。

この二つがうまく合わさって最高の結果が生まれるのだと考えています。

スポーツの中には、昔の名選手が幅を利《き》かすところがありますが、これは芸術の側面が強かったからでもあるでしょう。少なくとも陸上競技では、経験主義的なコーチが間違った指導をするといったこともなくなってきました。日本はバイオメカニクスとの連携が世界でもっとも進んでいるといって過言ではありません。

バイオメカニクスの中にもいろいろな分野がありますから、たとえばコンピュータの中で動きを作りだす「シミュレーション」などは、東京大学のほかにもスタンフォード大学（アメリカ）とアムステルダム・フリー大学（オランダ）ほか、論文を出しているところはあります。

ただ、そうした研究成果を競技に応用している国はまだ多くありません。競技成績だけで見れば、ジャマイカやアメリカが圧倒的なわけですが、そうした国で選手の育成にバイオメカニクスが積極的に取り入れられているという話は聞きません。才能や経験だけで、あれだけの成績を残せているというのが実情です。

●運動能力と遺伝の関係性

となると、アフリカ系の選手が日本の選手のようにバイオメカニクスの成果を取り入れたらどうなるか。これはやはり、一段と速くなるでしょう。

バイオメカニクスに限らず、スポーツ科学は選手それぞれの環境（後天的なもの）を整えていきます。何を食べるか、どんなトレーニングをするか、どんな動きをするか——そういった環境を究極まで整えると、残されるのはその肉体が持っている能力、すなわち遺伝子の勝負になります。

オリンピックや世界選手権のような世界トップレベルで競う選手たちは、環境要因がきわめて高いレベルまで整備されますから、遺伝子勝負の比重が高まります。

遺伝子の違いについて一例を挙げると、筋肉が瞬発型か持久型かというタイプは、ある程度、遺伝によって決まります。

スポーツの能力に直接関係している骨格筋（骨にくっついていて運動したり姿勢を保っ

たりする筋肉。体内にある不随意の内臓筋と大別される）をミクロのレベルで見ると、髪の毛くらいの太さの筋線維《きんせんい》が集まってできています。さらにこの筋線維は、白い「速筋線維」と赤い「遅筋線維」とに大きく分類されます。

筋肉は縮むときに力を発揮するのですが、収縮速度が速くて力も大きいのが速筋です。そのかわりすぐに疲れてしまう、いわば瞬発型です。反対に収縮速度は遅く、小さな力ですが長時間発揮しつづけることができる持久型の筋肉が遅筋です。

遅筋は赤色の色素タンパク質を多く持っているので赤く、速筋はこれらの色素を持っていないので白く見えるので、速筋を白筋、遅筋を赤筋とも呼びます。

その違いをよく示しているのが、タイやヒラメといった白身の魚と、マグロやカツオのような赤身の魚の生態です。白身のタイやヒラメはふだんは岩陰に隠れていて、獲物を捕るときだけビュンと素早く移動する近海魚。赤身のマグロやカツオは大洋をずっと泳ぎつづける回遊魚です。色の違いは一目瞭然《いちもくりょうぜん》ですね。

私たちの骨格筋にはこの「速筋線維」と「遅筋線維」が混在していますが、その割合が一人一人で異なっています。それが遺伝によるものか環境か、一卵性双生児と二

図1-4 双生児の筋線維タイプ

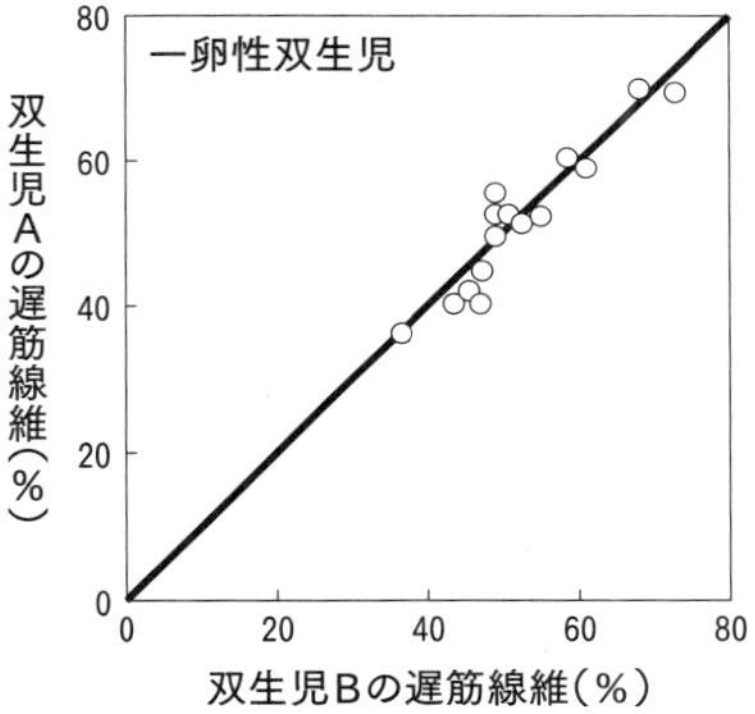

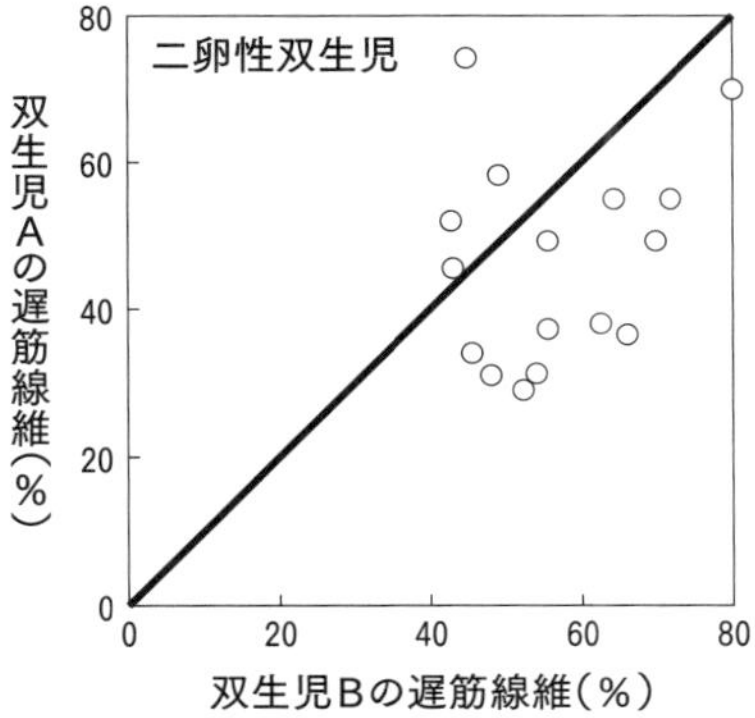

縦軸を双生児A、横軸を双生児Bとして遅筋線維率をグラフ化したもの。一卵性双生児の筋線維タイプは、兄弟・姉妹でそっくりだが、二卵性双生児はバラバラだった。

(Komi. P., *Acta Physiol., Scand.*, 100:385-392, 1977)

卵性双生児で筋線維タイプを比較した研究があります。

筆者も留学していたフィンランドのパーボ・コミ博士の研究によると一卵性双生児は兄弟・姉妹ともそっくりの筋線維タイプでしたが、二卵性双生児ではバラバラでした。つまり瞬発型か持久型かという組成の割合は、遺伝で決まるという結果が出たのです（図1－4）。

瞬発型か持久型か、見分けるのは比較的簡単です。正確に知るには全身の筋肉を調べなくてはいけませんが、どちらのタイプかという目安はわかります。

学校やスポーツセンターなどには、握力計や膝の曲げ伸ばしや背筋などの力を測る測定器具が置いてあるのでこれを使います。

こうした器具で五〇～一〇〇回くらい、「握る・離す」「曲げる・伸ばす」といった動作を繰り返します。

図1－5で示すように、瞬発型の人は最初は大きな力が出ますが、回を追うごとに力が落ちていきます。反対に持久型の人は大きな力は出ないのですが、力の落ち方が緩《ゆる》やかです。

図1-5 瞬発型の筋肉と持久型の筋肉

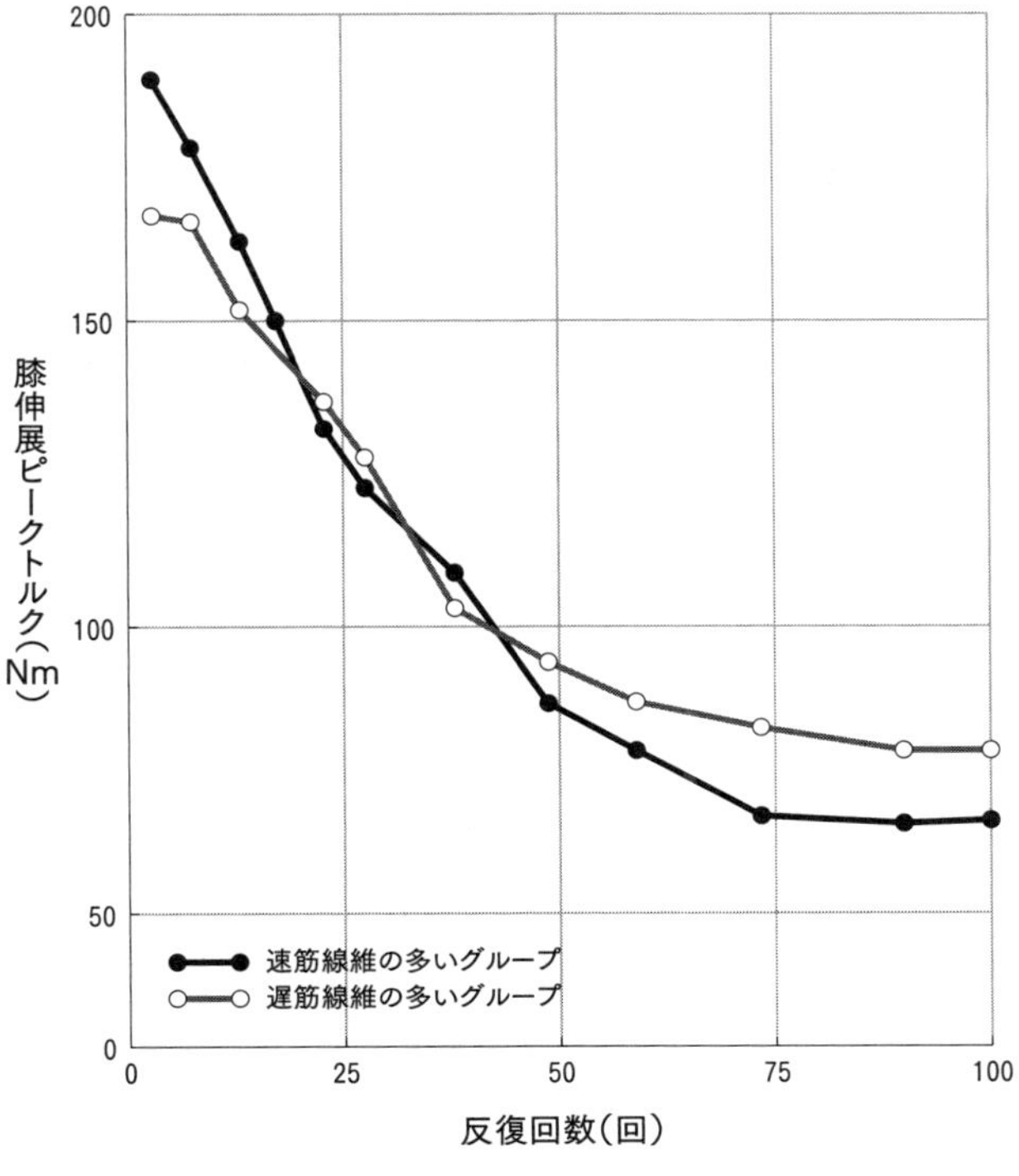

最大膝伸展筋力発揮を100回連続で行なった場合の持久特性のグラフ。１回目から25回目までの疲労の少ない状態では速筋線維の多いグループが大きな力を発揮するが、50回目以降は疲労する割合が急激なことがわかる。

（宮下充正『トレーニングの科学的基礎』ブックハウスHD、1993）

●速筋は環境に、遅筋は遺伝に強く影響される

とはいえ、遺伝ですべてが決まってしまうわけではありません。

筋肉は強い負荷をかけてトレーニングすれば速筋が肥大して筋全体が太くなります。筋骨隆々のスポーツ選手は、速筋が肥大して筋全体が太くなっていますから、より瞬発力が高いのです。またこのトレーニングによる肥大は、男性ホルモンが強く関与していますから、筋骨隆々になるのは女性よりも男性です。

一方、マラソンランナーはどうでしょうか。毎日長い距離を走りこむトレーニングをすると、持久力に富んだ遅筋が肥大するのだろうと思われるかもしれませんが、そうではありません。遅筋は鍛えても速筋のように筋肥大しません。持久力を鍛えるトレーニングをすると、逆に速筋が萎縮《いしゅく》するのです。

アメリカのデイビッド・カスティル博士は、ヒトの筋の小片を持久トレーニング前後で取り出して筋線維タイプを調べるという手法で、その変化を明らかにしました。

彼は全米スポーツ医学会でこんなふうに解説しています。

「瞬発力の指標である垂直跳びを測定しておいて、その後、持久トレーニングを数カ月続けると、速筋が細くなって垂直跳びの数値は下がり、持久トレーニングをやめると元の垂直跳び能力に少しずつ戻っていくのだ」

長距離走やマラソンの選手は、私たち一般人よりもずっとほっそりした身体をしています。体脂肪率が非常に低いのも確かですが、速筋を細くすることで相対的に遅筋の面積を多くして、持久能力が高い身体にしているのだといえます。

こうした研究結果から、トレーニングによって肥大したり萎縮したりするのは速筋だということがわかります。したがって速筋は環境に、遅筋は遺伝に強く影響されているといえます。

自分のタイプと両親のタイプが似ているという人は、親子で似た環境を過ごしてきていて、自分と親が違うタイプだという人の場合、生育環境が違うので異なるタイプになったのでしょう。

スポーツのエリート選手は、遺伝に加えてより特長を活かすトレーニングをすることで、きわめて特異的な筋線維組成になってきます。

たとえば、ももの外側の筋肉（外側広筋）について調べたところ、短距離走や走り幅跳びで活躍したカール・ルイス選手は速筋が八割を超え、マラソンで活躍したアルベルト・サラザール選手（ともにアメリカ）は逆に遅筋が九割であったと報告されています。

次ページに両選手の写真を示しますが、まったく印象が違いますね。ヒトは非常に可塑性《かそせい》の高い生き物だと言えるのです。

●遺伝子の支配から、環境の影響をどう強めるか

まったく無力な状態で生まれてくる人間ですが、とくに教えられなくても、歩いたり走ったりできるようになります。一方、投げる、泳ぐといった運動は、学習しないとできません。一般に女子は、男子のように上体をうまく使ってボールを投げることが苦手ですが、これは石やボールを投げて遊ぶ機会が少ないからです。

カール・ルイス選手

アルベルト・サラザール
選手（中央）

写真提供：共同通信社

つまり運動は、先天的（＝遺伝的）に獲得される系統発生的な運動と、後天的（＝環境的）に獲得される個体発生的な運動に大別できるのですが、実はこの両者は明確に区別されるものではありません。多くの運動は先天的・後天的どちらの要因も複雑に関わりあって成り立っています。

先天的要因とは結局のところ遺伝子の違いです。

遠くは人類二〇〇万年の歴史、近くは両親から受け継いでいます。とりわけ先天的要因が強く働いているのは体格で、動きを伴うようになると、しだいに環境の違い、すなわち後天的影響が強くなると推定されています。

運動に限らず先天的か後天的か、遺伝子なのか環境なのかを知るために、もっとも有効な手段のひとつは、先にも例示した双生児研究です。

さまざまな報告から、体格・運動能力・持久力・筋線維組成といった量的因子は先天的影響が強く、動作そのもの、すなわち遺伝子の質的因子に対しては先天的影響はさほど強くないとわかってきました。

とはいえ、筆者が中学生の一卵性双生児の走り幅跳びにおける動作を比較したところ、踏み切りの際の四肢の動作、さらに空中や着地の姿勢は、兄弟・姉妹でかなり類似していることがわかりました。動きを伴う質的要因でも、特別に違う生活環境におかない限り、やはり遺伝の影響を受けているのです。

こうしたことから、動作の巧みさは体格や運動能力といった量的因子ほどではありませんが、走ったり跳んだりする動作でも遺伝的影響が存在するのは確かです。自分でいろいろ試してみると、変えやすいものと変えにくいものがあることがわかってくるでしょう。

ともあれ、こうした遺伝的影響を持つ動作に対しても、指導による改善は可能です。つまり「先天的要因の支配から抜け出し、いかに後天的要因の影響力を持たせるか」という点に教育の意義があるのだと思います。

スポーツや音楽は身体の感覚が重要で、自分の身体の動かし方は、自分にしかわかりません。自分の力の入れ具合をほかの人に伝えるのは難しい。だから、うまく感覚を指導できるのが名コーチ、名伯楽となるのですが、こと「走り」の世界では、バイオメカニクスの研究によって、もっとも効率的な走り方がわかっています。

これを習得すれば、誰でも以前の自分よりは速く走れるようになります。

二〇〇四年に、私は小学生を持つ親に向けて『運動会で1番になる方法』（アスキー・メディアワークス）という本を書きました。「自分は生まれつき運動は苦手かも」と思っている子どもたちに対して、「遺伝よりも、正しく練習することで、びっくりするくらい速くなるよ」と伝えたかったのです。

運動会で一番になることは、みんなに認められ、自信を持てる体験です。自分の力を伸ばすことを覚え、勝つために努力することで精神的にも強くなります。そうやって培《つちか》った本当の強さがあるから、人に優しくもなれます。

人間の走る動作は、小学生もトップ選手も、力学的には同じ運動です。もちろん練習方法やその精度こそ違いますが、同じ理論が適用できるのです。

●環境要因には人間関係も重要

オリンピックなど世界トップレベルで競う選手たちには、さまざまなスポーツ科学の知見が動員されて環境要因が高いレベルまで整備されます。

となると、あとは単に遺伝子の勝負だけになってしまうのでしょうか。しかし、科学によって環境要因が一〇〇%整えられるかというと、それは不可能です。現在も、未来も「完全に」環境要因を整備することはできません。

またスポーツの巧みさ・スキルに関しては、遺伝子よりも練習、すなわち環境によって決まります。「努力」も環境のひとつです。選手の努力はもちろん、コーチ、スポーツ科学の研究者も努力することが大切です。

だからこそ、スポーツと科学が、ほどよい関係を保てるのでしょう。

日本でバイオメカニクスとの連携が進んでいる理由は、「速く走るためにはどうしたらいいんだろう」という現場のコーチの声と、それに応《こた》えて私たちのようなバイオメカニクスの研究者が協力して取り組んだからです。

ジャマイカやアメリカのコーチが「速く走るためにどうしたらいい？」などと、研究者に聞くことはまずありません。その理由は簡単で、選手やコーチの経験や勘に頼ったトレーニングでも世界トップレベルの結果が出てしまうからです。

カール・ルイス選手のコーチだったトム・テレッツ氏は、スプリント界の名伯楽とされ、何回も日本に来て講習会などを開いていています。でも、彼の話を聞いても伸張反射（ストレッチ・リフレックス）のことばかり、学術用語はそれしか知らないんじゃないかと思うほど繰り返し言っています。伸張反射とは、筋肉が引き伸ばされると反射によって縮む現象で、着地や地面をキックするときに起こりますが、科学的には走るときはほとんど関係していないことがわかっています。

一九九〇年くらいまでは、テレッツ氏の話を聞いて、日本でも応用していた時期がありましたが、彼の場合、走り方の本質を踏まえて指導していたのとは違うようです。今は彼の理論がそれほど有効ではないことがわかっていますし、私がコーチに聞かれれば、やはり「バイオメカニクスの知見とは違う」と答えます。

競技スポーツの世界も、何かエポックメーキングなことが発見されないと大きく変わることはありません。科学と連携して実際にやってみるということがなければ、昔と一緒で勘のいい人が速く、そうではない人は遅いという状況が続いていると思います。

ただ、あまりバイオメカニクスの成果だ、科学の勝利だなどと主張するのは違うでしょう。科学で得られた知見を感覚に落とし込んで、実際に走っているのは選手でありコーチです。そうした芸術の部分なくしては、好記録もありえません。

科学と連携が始まった初期のころ、「科学が選手を強くした」という言い回しに対して、「実際にやっている主役はコーチと選手だろう。そんなことを言うなら科学なんか使わない」といった反発もありました。

それでは、選手にとっても、科学者にとっても損です。だから科学はあまり表に出ず、黒子として選手やコーチを支えるのが望ましいあり方かもしれません。

こうしたことも含めて、うまく擦り合わせて、共同作業を続けてきたことが、今の日本人選手の活躍につながっているのだと思います。

第2章

「走る」ことのメカニズム

●「走る」を科学するとどうなるか

改めて、「走る」という動作を科学的な視点で見てみると、次のように表現することができます。

短距離走（スプリント走）では、腕と脚をそれぞれ左右交互に動かし、上体と下体の捻《ひね》りをうまく使うことによって、左右交互に地面を蹴り出します。蹴り出した力は地面反力となって返ってくるので、これを受け止めることによって、身体が水平移動するのです。

少し難しい言い方になってしまいましたが、専門的な言葉にするとそうなります。つまり、走る動作を分析する際には、力学的には地面を蹴る力に着目することが必要だということです。

図2－1は、男子一〇〇メートル走のスピード曲線（スタートからの距離とその地点での速度をグラフ化したもの）です。

図2-1 100メートル走のスピード曲線

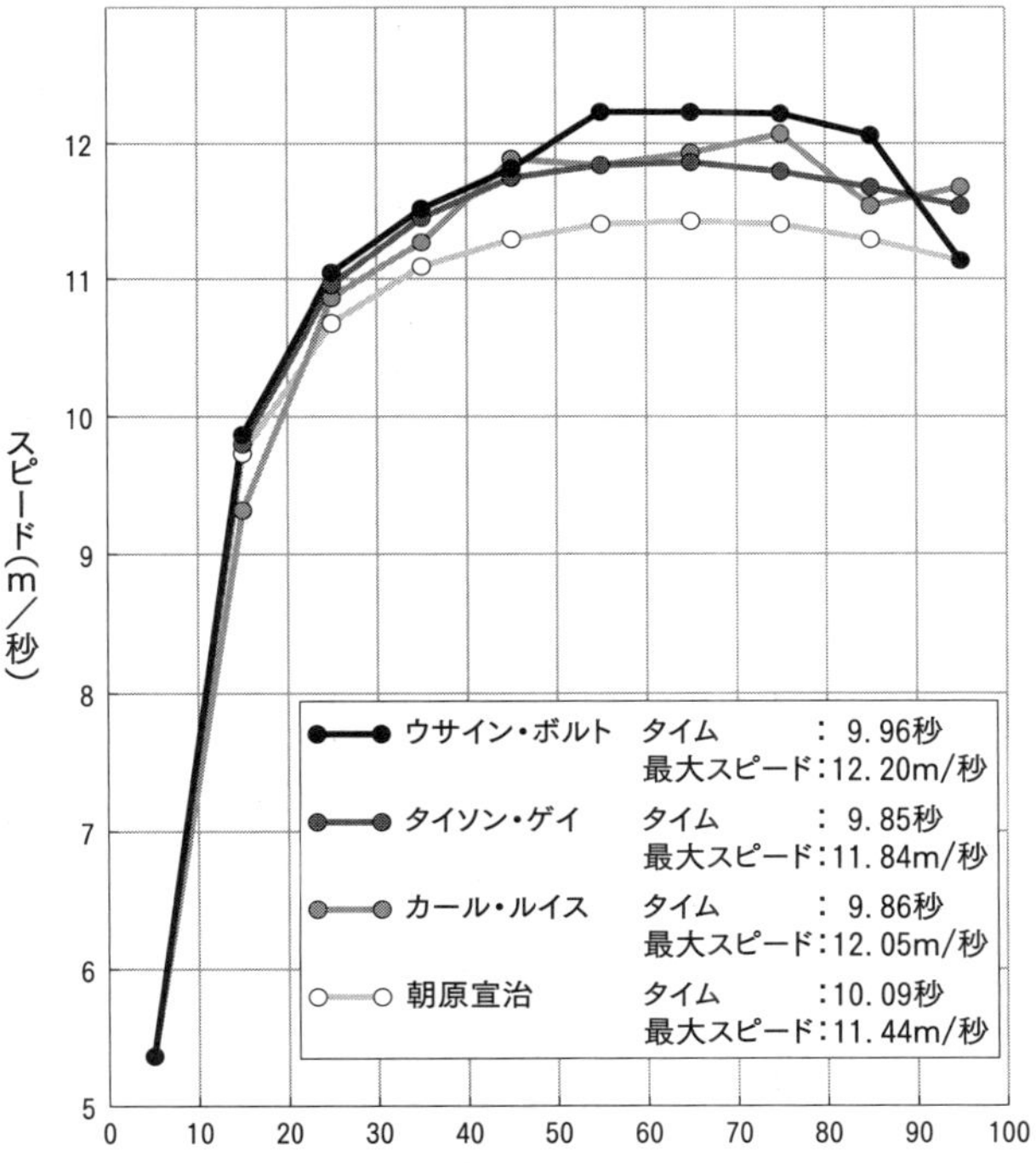

ボルト選手の50メートル以降の最高スピードは世界のトップ選手の中でも突出していることがわかる。

(JISS松尾彰文研究員提供)

現在の世界記録保持者、ウサイン・ボルト選手（ジャマイカ）の北京オリンピック決勝時の一〇メートルごとのスピード（秒速）と、比較用としてタイソン・ゲイ選手、カール・ルイス選手（ともにアメリカ）、朝原宣治《あさはらのぶはる》選手（日本）のスピード曲線も載せてあります（比較用の三選手のデータは北京五輪のものではありません）。

ボルト選手は、三〇メートル地点ですでに毎秒一一メートルのスピードに達していますが、五〇メートル地点まで、ゲイ選手やルイス選手もほぼ同じスピードです。しかし、ボルト選手は五〇メートルを過ぎてから、最大スピードの毎秒一二・二〇メートルまで一気にスピードアップしていました。他の選手と大きく異なっているのがこの点です。

このスピードは、世界トップレベルのゲイ選手やルイス選手よりも、毎秒〇・四メートルも速い驚異的な値です。トップ選手同士が競って、一〇メートルあたり約四〇センチの差がつくということだからです。

ボルト選手は、北京オリンピックの一〇〇メートル走決勝で二位以下に大差をつけ、当時の世界記録となる九秒六九のタイムを打ち立て優勝しましたが、他の選手とのスピード曲線の差は、この図の通りだったのです。

このスピード曲線は大きく三つの局面に分けられます。

スタート後、速度が増加していく「加速局面」、速度が一定となる「等速局面」、疲労によって速度が減少する「減速局面」です。

前後方向の地面反力について詳細に見ると、ブレーキとして働くマイナスの局面、キックとしてのプラスの局面があって、それぞれの力積（力の大きさと、その力が働いている時間の積）を比べたとき、プラスの力積がマイナスの力積より大きいと加速していきます。最大スピードになると、プラスとマイナスの力積が同じになり、等速走行になるわけです。

等速局面となる中間疾走で、マイナスの力積を小さく、つまりブレーキを少なくすれば、キックでそれほど大きく後ろに蹴る必要がなくなりますから、効率よく前に進むことができます。

ボルト選手は、五〇メートルを過ぎても、プラスの力積のほうがマイナスの力積よりも大きかったといえるのです。

図２－２の写真は、中間疾走での接地中のキック力、つまり地面反力のベクトル（大きさと方向）を、矢印で示しています。

①が着地直後、②の段階では接地の衝撃によるブレーキ作用が大きく表われています。③は両膝が一致する時点、⑤ではいかにもキックしているように見えますね。⑥は離地時点です。

①のときの姿勢は、着地点が腰の位置よりも前になっています。よくコーチは「真下に着地しろ！」と言いますが、腰の真下に着地したら前につんのめって転んでしまいます。正確には「なるべく」真下に着地しなさいということです。

③の姿勢でキック力はほぼ真上に向かい、大きな力が作用していることがわかります。⑤の段階には前方への加速成分が加わりますが、キック力は急激に減少し、⑥ではキック力の作用はありません。

主観による錯覚から、⑤の姿勢のときにこそ力が入ると思って、後方に大きく蹴ってストライド（歩幅）を伸ばそうとすると、タイミングが遅れてスムーズなランニングフォームにはならないのです。

図2-2 走行時の地面反力ベクトル

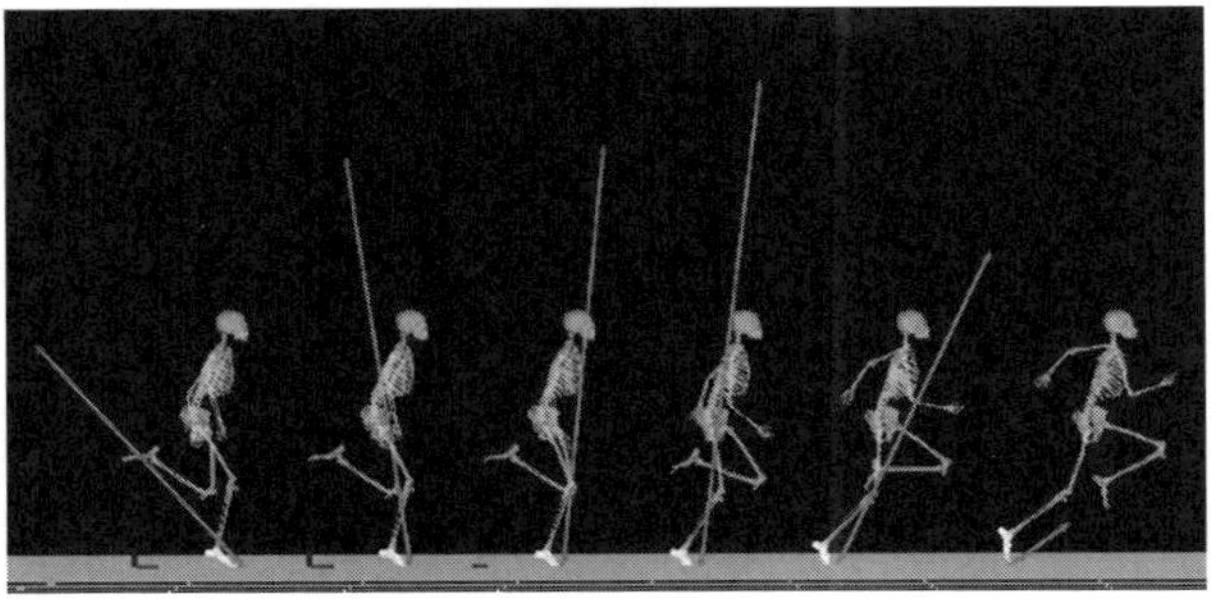

①　②　③　④　⑤　⑥

走行時の着地中の地面反力ベクトルを表わしたもの。

着地前半ではブレーキとしての反力、着地後半にはキックとしてのプラスの反力が出ている。

こうした分析から、地面反力をうまくコントロールしてブレーキを少なくすることで、水平スピードが高められるとわかるわけです。

●なぜ「ももを高く上げる」と指導されたのか

ここ二〇年のバイオメカニクス研究によって、より速く走るためのスプリント走の本質が明らかになりました。その研究で注目したのは、走っているときの足関節、膝関節、股関節の回転力、つまり「発揮トルク」でした。

速い選手は、この下肢三関節にどのように力を入れて走っているのか、動作分析によって明らかにされたのです。

そのメカニズムを解説する前に、なぜ昔はももを高く上げるといった指導法が一般化されていたかを説明しておきましょう。前章でも述べたように、以前は連続写真のような位置情報をもとにしていたため、「速く走る人のももが高く上がっていた」ということから、こうしたフォームが評価されたわけです。

しかし、この位置情報をもとにしたことが間違いの原因でした。人間は位置情報ではなく、筋力の発揮によって運動、動作をつくりあげるからです。

筋力つまり力は、F=maというニュートンの運動の法則（F=力、m=質量、a=加速度）が示すように、加速度と同次元のものです。ももの高さなどの「位置」をいくら同じにしても、走る速度とは関係がないのです。

ももが上がってもっとも高い位置に来た瞬間、加速度はほとんどなくなります。言い換えると、スプリント走のような周期運動では位置と加速度が逆位相（グラフにしたときの波の形が上下逆になる）になって、タイミングが正反対になるのです。そのため、位置情報をもとに力を発揮しようとすると、結果的にまったくタイミングが合わなくなります。

これはスプリント走のような素早い動作ほど顕著ですから、「どこまでももを上げるか」といった位置目標で練習していてはダメだったのです。

ではどうすればいいのか。速く走っている選手本人が、「どんなタイミングでどう筋に力を入れているか」という情報を知る必要が出てきます。

選手とコーチの現場では、力の入れ具合を「筋感覚」という言葉で表わしていますが、バイオメカニクスの「逆ダイナミクス」を用いた動作解析では、この筋感覚を客観的に知ることができます。関節の回転力のトルクや筋張力を計算するのです。

この動作解析によって、速く走っているスプリンターの、下肢の関節が発揮している回転力（トルク）がわかれば、その情報を目標にして、筋感覚をコントロールすればよいということになるわけです。

●走る動作の本質とは

下肢三関節それぞれの動作解析の結果をまとめると図2－3のようになります。

足関節は接地時のみに働き、空中ではリラックス状態です。

膝関節は地面をキックしている局面で伸展トルクを発揮しますが、それ以外はほとんど使われません。これまでは脚を後ろから前に持っていく「巻き込む」局面では、

図2-3 走っているときの関節の働き

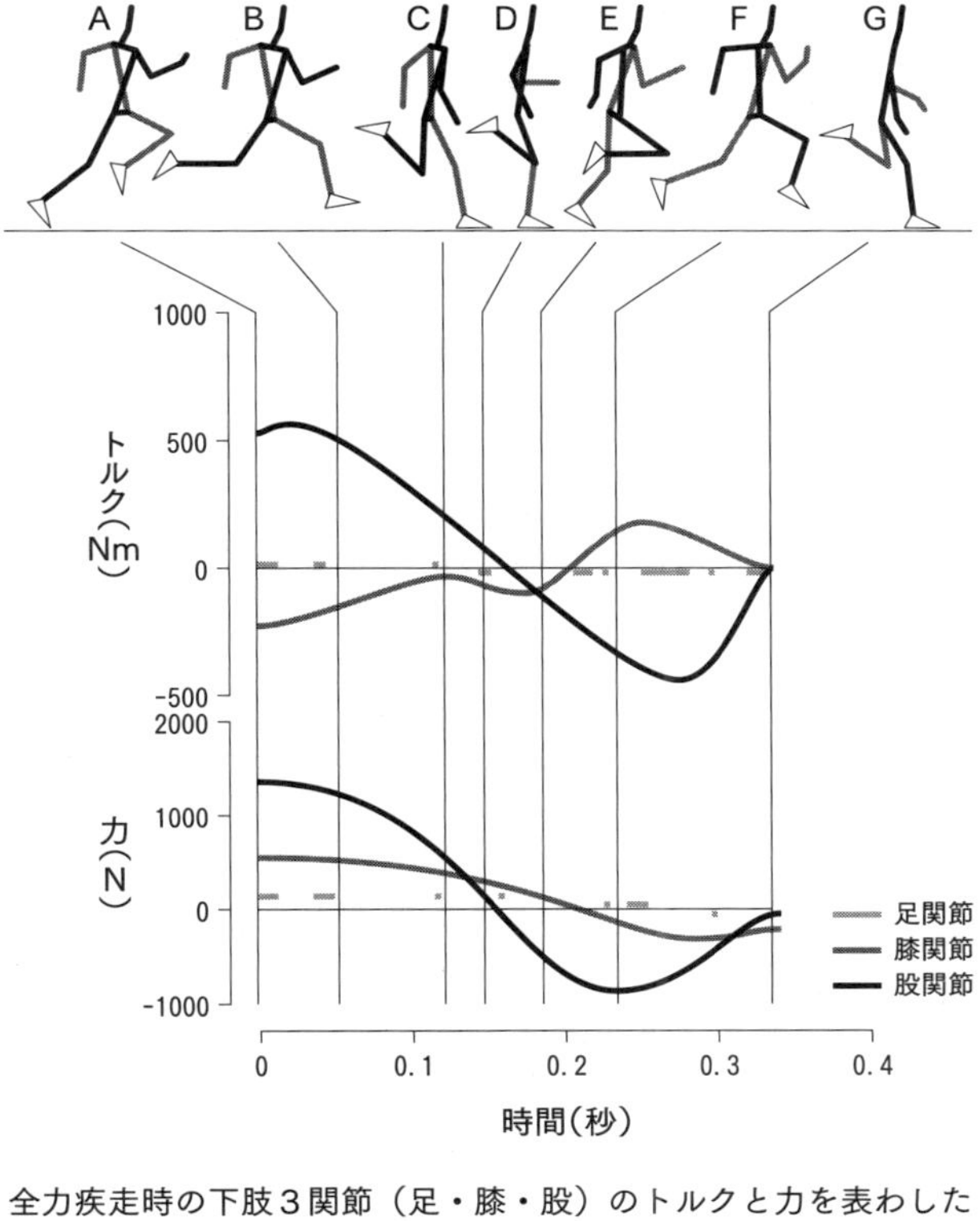

全力疾走時の下肢３関節（足・膝・股）のトルクと力を表わしたグラフ。股関節の回転トルクと力が大きく働き、脚全体をスウィングさせているのが客観的にわかる。

（深代千之他「スプリント走における脚のスウィング動作の評価」『第14回日本バイオメカニクス学会大会論集』1999をもとに作成）

膝を曲げようと力を入れている、すなわち膝屈曲のトルクが働くと考えられていましたが違いました。ただし、脚を前に振り出したとき、下腿が前に行きすぎないように屈曲のトルクを発揮しています。

これらに対し、つねに大きく働くのが股関節です。

脚を後ろから前に振り出すときに、速く股関節を屈曲させれば、リラックスされた膝は自然に屈曲しますから下腿が巻き込まれます。

このとき、大腿を高く上げるよりもむしろ「速く」上げる意識が重要です。膝と足関節がリラックスしていて、股関節の働きだけで脚が前に振り出されると、外部で見ている人は、あたかも脚がムチのごとく動いているように見えるのです。

その後、脚を前から振り下ろして接地しますが、接地中の脚は膝を屈伸しないで脚を一本の棒のようにして前から後ろに引き戻します。

これらの解析結果をもとに、速く走るためのスプリント理論をまとめ直すと、

①走動作の接地中に、接地脚は膝と足関節をほぼ固定して（屈伸しないで）、股関節

の伸展のみで身体を前方へ移動させる。
②振り上げる脚は股関節の屈曲だけで速く上げ、膝と足関節はリラックスさせる。

となります。つまり、重要なのは股関節を中心にしたスウィング動作だったのです。

歴代の世界記録を出してきたような選手では、見た目の特徴は多少違っても、走りのエッセンス、本質は変わりません。意識しているかしていないか、自然にできたのかどうかといった過程は置くとして、トップ選手の走りを集約すると、このスウィング動作になります。

つまり、この走り方は「そうでなければ速く走れない」という、トップ選手になるための必要条件だったとわかります。

目指す動作が具体的になれば、どの筋肉を鍛えればよいかということも明らかになります。①の振り戻しで主に働いているのは大殿筋とハムストリングス、②の振り上げでは腸腰筋です。

また、股関節回りの屈伸筋力が同じならば、脚の末端である下腿は細く余分な重量がないほうが有利です。したがって理想の身体とは、体幹が筋肉のかたまりで、脚は付け根が太く先にいくほど棒のように細い、サラブレッドのような体形をイメージするとわかりやすいでしょう。

●理論に基づく理想の身体づくり

股関節のスウィング動作を向上させ、かつ目指すスプリント体形を得るための補強運動として、私がずっと薦《すす》めてきたのは、図2－4の「フライング・スプリット」です。これは脚を大きく前後に開いてジャンプして、脚を空中で交差させて着地する運動です。

空中で脚を交差する動きが注目されがちですが、重要なのは着地中に反動をつける腰の下降と上昇の切り返し局面です。この反動をつける動作によって、大腿の内側にある内転筋（内ももの筋肉）が鍛えられます。

図2-4 フライング・スプリット

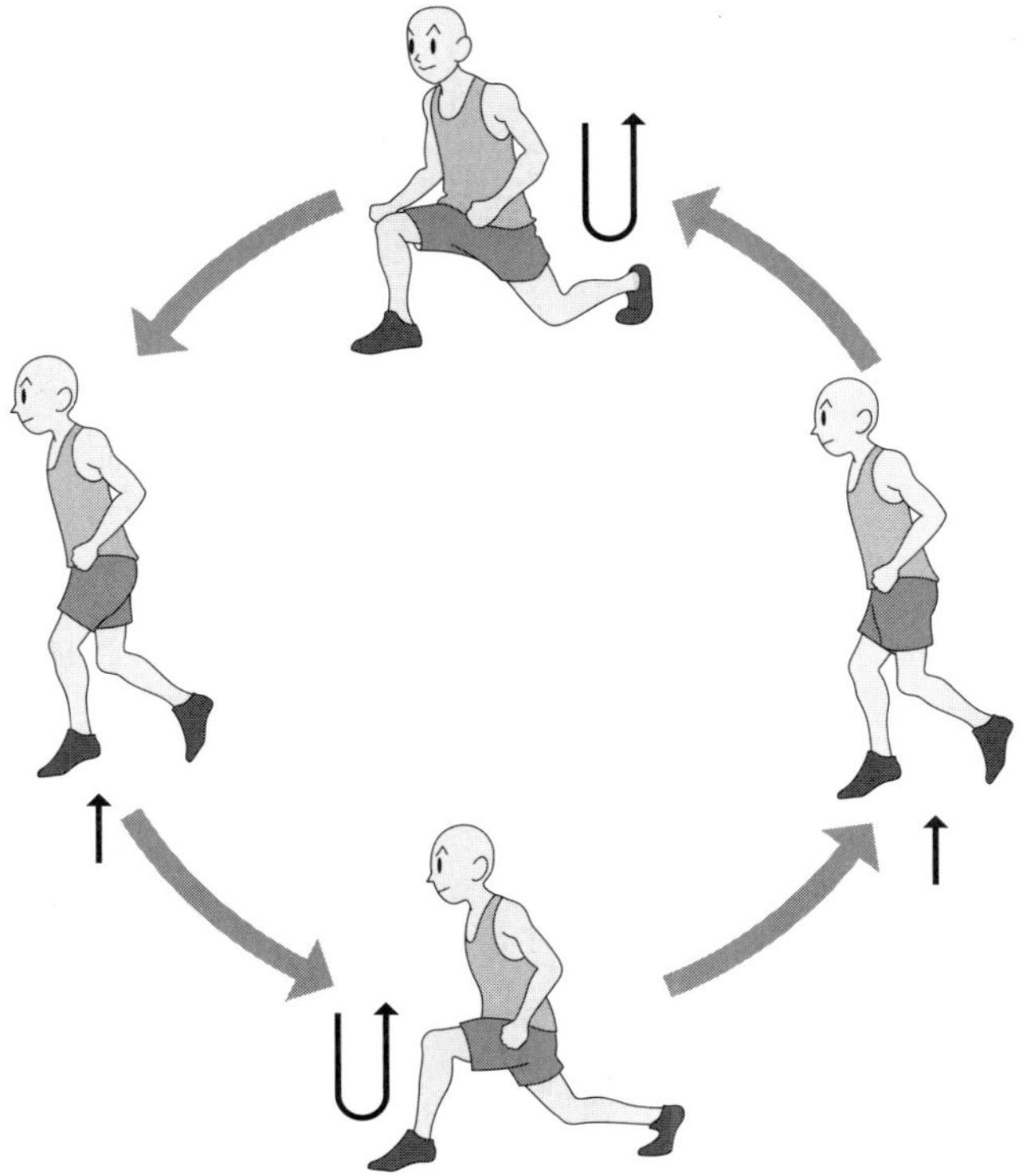

脚を大きく前後に開き、腰を下げたあとジャンプして、脚を入れ替えます。このとき前の足はかかとで、後ろの足はつま先で着地します。これを繰り返します。

内転筋はおもしろい筋肉で、この筋が活動すると、大腿が前にあるときには引き戻し、大腿が後ろにあるときには前に振り出すといった機能が現われます。

先述した大殿筋、ハムストリングスと腸腰筋に加えて、内転筋を鍛えることによって、股関節を中心に脚を前後にスウィングさせる動作が素早くなるというわけです。

遺伝的な体形としては、必ずしもスプリンターとして有利とは言えない日本人ですが、理論に合致した走り方をして、正しく筋肉を使っていると、その部分の筋肉が太くなって、他は細くなるという現象が起こります。

たとえばハムストリングスを構成する大腿二頭筋《にとうきん》は、坐骨結節《ざこつけつせつ》（椅子《いす》に座ってお尻の下に手を入れたとき左右にある出っ張りの部分）から始まり、膝関節を越えてすねの骨の上部にくっついて終わっています。

この筋肉が、スウィング動作を意識して走っていると、刺激を受けた脚の付け根（お尻に近い部分）側が発達して太くなり、膝に近い側は細くなるということが起こるのです。内転筋でも同様です。

単純に負荷をかけるトレーニングでは大腿二頭筋や内転筋がまんべんなく太くなっ

てしまい、理想の体形になりません。理想の走りを意識することで、体幹に近い要所が太くて、末端が細い理想の体形に近づくことができるわけです。

そもそも、一九九〇年くらいまで、筋力は太さで決まるから、とりあえず負荷をかけて筋肉の量を増やしたら速く走れるだろうと考えられたこともありました。筋肉の動きではなく、出力に着目していたからです。

結果は、身体全体、つまり末端まで太く重くなったので記録は伸びませんでした。走るという動作は一つの筋肉が動いているのではなく、さまざまな部位が複合的に絡んだ運動ですから、単純に筋力を上げればよいということにはなりません。これはボディビルダーの筋肉が必ずしも他のスポーツに応用できないことでも明らかです。

その後、筋力トレーニングの際にも動きをきちんと勘案しないとダメだとわかってきて、要所だけ筋肉を付けて末端は太くしないことが必要だとなりました。以前は「鍛えれば太くなって強くなる」のが当たり前で、「太くしないトレーニング」などなかったのです。

こうしてバイオメカニクスの研究から、スプリンターのための走り方の理論と、「股関節回りの体幹を鍛えて手足の末端は細く」という理想的なボディデザインが判明しました。

この理論を、私たちは日本陸上競技連盟（日本陸連）の合宿や雑誌などを通して指導者に伝えました。指導者たちが理論を工夫しながら選手に適合させていった結果、突出したスプリンターを次々に育成できるようになったのです。

前章でも触れたとおり、現在、男子四〇〇メートルリレーでは世界大会でつねに決勝に進出し、メダルを狙えるところに位置しています。これは日本人スプリンター全体のレベルが高まった結果です。

●リアルタイムでの動作解析が可能に

二〇〇一年十月、東京都北区に国立科学スポーツセンター（JISS）が設置され、活動をはじめました。トップアスリートやコーチをサポートし、競技のレベルを向上させるための機関で、日本最大規模のトレーニング施設や研究施設などがあります。

ここでは、スポーツのスキルやフィットネスにはじまり、メンタル、医学、栄養といったさまざまな観点から、オリンピックや世界大会で活躍できるトップアスリートを診断、育成するためのデータやアドバイスを提供しています。

日本陸上競技連盟科学委員会とＪＩＳＳの協力で、私がここで女子トップスプリンターのフォームチェックを行なったときの方法を紹介しましょう。

かつて、こうしたフォームチェックはビデオを使い、手首やひじなどの関節の動きをデジタル化して分析する手法で行なわれてきましたが、これには大変な時間と労力がかかります。

また、この手法では各部位の位置の変化はわかっても、後でコンピュータで計算しなければ、それぞれの筋肉に、どのタイミングでどのくらい力を入れているのかということを、リアルタイムで知ることはできません。

それを可能にしたのがＩＴ技術の発達でした。東京大学の筆者の実験室にもありますが、ＪＩＳＳで使われているのが「モーションキャプチャシステム」と「フォースプレート（床反力計）」（67ページ写真）です。

モーションキャプチャシステムは、人体の各部にマーカーをつけて、動きの位置情報をコンピュータに取り込むもので、最近はゲームや映画などのCG（コンピュータグラフィックス）でもよく使われる手法ですから、ご存じの人もいるでしょう。

スプリンターのフォームチェックでは、各選手に反射マーカーと呼ばれる玉を、関節部を中心に三六個つけて、普段と同じようにコースを走ってもらいます。これを毎秒二五〇コマの分解能を持つ、赤外線・紫外線カメラ一六台で撮影し、反射マーカーの三次元座標を測定します。

同時に複数台のフォースプレートで、地面反力のベクトル（大きさと方向）を三次元で測り、さらに正面からはレーザー光線で走っているスピードを測ります。

こうしたデータは、コンピュータでリアルタイムに処理され、分析結果をただちに映像で確認することができます。位置や速度だけでなく、加速度をリアルタイムに知ることで、客観的なデータとして選手の動きを理解できるのです。

こうしたデータの分析を通して、今の走りの良し悪しをリアルタイムでアドバイス

モーションキャプチャシステムとフォースプレート

するのです。

●ストライドとピッチの関係

走るときのスピードは、ストライド（歩幅）にピッチ（一秒間の歩数）を掛けたものです。

ストライドが大きく、ピッチが速いというのが理想でしょうが、人間の筋肉が発揮する力には限界があります。脚の長さも人それぞれです。

一流のスプリンターの走り方は、一歩の幅が長い「ストライド走法」と歩数が多い「ピッチ走法」の大きく二つに分かれます。図2－5を見るとわかるように、ボルト選手はストライド走法、タイソン・ゲイ選手やアサファ・パウエル選手はピッチ走法だと言えるでしょう。

一般の人が走る際のストライドの標準は、自分の身長と同じ長さだとされています。つまり身長一七〇センチの人は、一七〇センチのストライドで走るのが標準的と

図2-5 スプリンターのピストライドとピッチ

選手名	タイム	歩数	ストライド（1歩の幅）	ピッチ（1秒あたりの歩数）
ウサイン・ボルト	9秒58	41〜42歩	2m43cm	4.29
タイソン・ゲイ	9秒71	45〜46歩	2m21cm	4.67
アサファ・パウエル	9秒84	44〜45歩	2m25cm	4.53
カール・ルイス	9秒86	45〜46歩	2m33cm	4.35
朝原宣治	10秒14	45〜46歩	2m24cm	4.40
塚原直貴	10秒15	46〜47歩	2m15cm	4.58

（「Newton」2012年8月号より）

いうことです。

それに比べて、トップアスリートたちのストライドは非常に大きくなっていることがわかります。

一方、おもしろいことに、ピッチは幼児期から成人期までほとんど変化しません。毎秒四歩程度と一定しており、これはトップアスリートの場合もほとんど変わりません。カール・ルイス選手が全力疾走しているときでも、一秒あたり四歩から五歩の間なのです。

もちろん、先に述べたようにストライド走法の人とピッチ走法の人ではピッチに差があります。しかし、ストライドを伸ばすことに比べれば、ピッチを増やすことには限界があり、大きく増やすことができません。つまり、普通の人とトップアスリートの走りで何が大きく違うのかというと、ストライドなのです。

ピッチがもう上げられないとなると、ストライドを伸ばすしかありませんが、これは無理して大股で走るということではありません。

短距離走では脚は腰のほぼ真下に着地するのが理想です。無理に大股で走ろうとすれば、体よりも前で着地させることになりますから、脚がつっかえ棒のようになって、かえってブレーキがかかってしまいます。

もっともよい方法は、股関節を動かす筋肉を鍛えることで、地面を蹴る力を強くして、結果的にストライドを伸ばす方法です。つまりは筋力ということになるのですが、前提として、正しい走り方ができていることが必要です。

一流選手は、それぞれ自分の身体に合った、最適なピッチとストライドのバランスを保つようにして走っています。その中でもトップアスリートたちの、極限までピッチとストライドを強化した世界では、ピッチを上げればストライドが縮まり、ストラ

図2-6

カール・ルイスとリロイ・バレルのピッチとスライドの変化

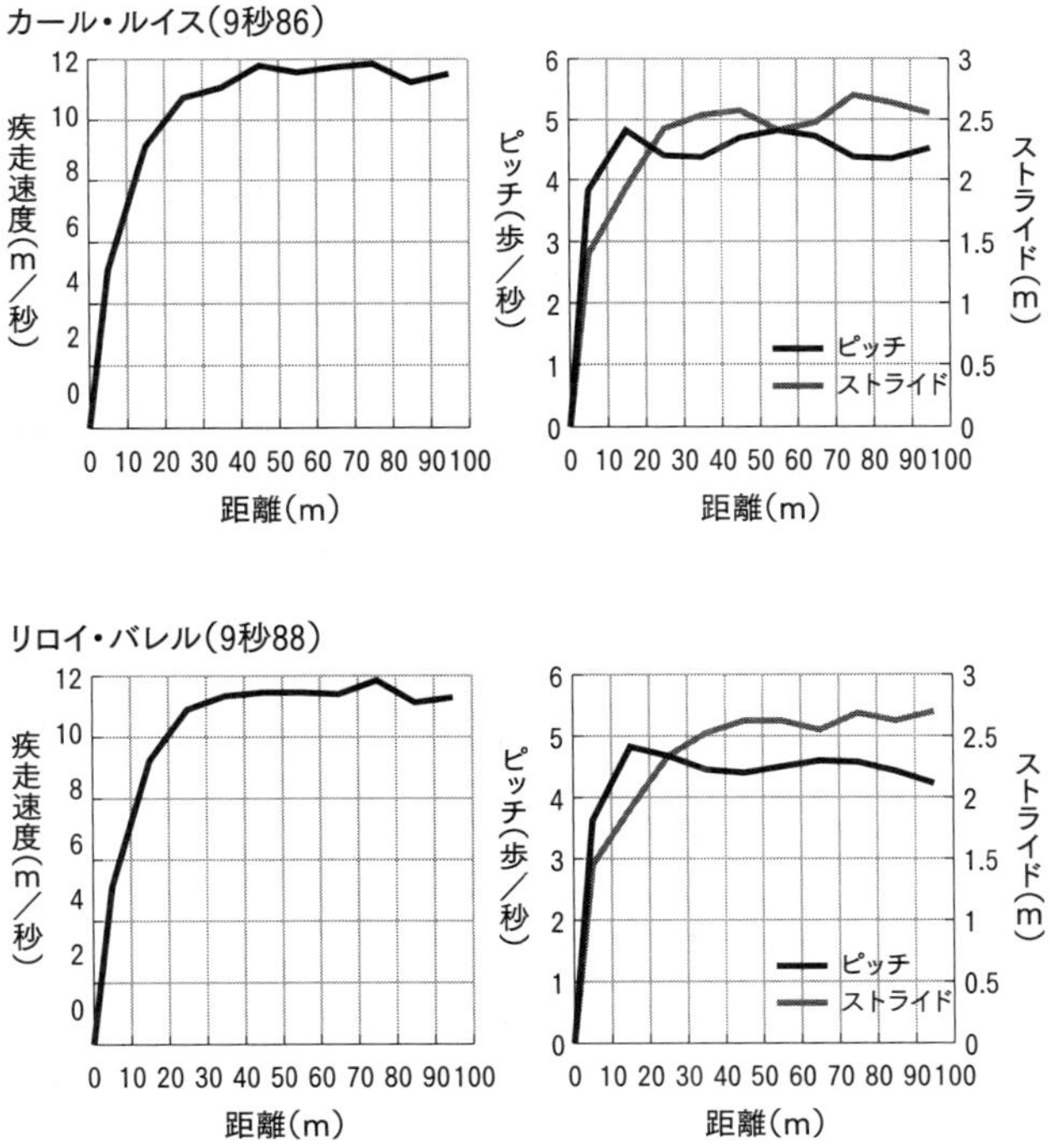

(日本陸連・科学委員会の資料より)

イドを伸ばせばピッチが落ちるという関係にあります。

カール・ルイス選手の一九九一年のデータによると、スタート後一〇〜二〇メートルの地点でのピッチは五歩／秒、ストライドは約二メートルです（図2-6）。最高速度に近づく四〇メートル付近では、ピッチがやや落ちて四・五歩／秒ほどになり、一方ストライドは二・五メートルを超えています。彼の身長は一八八センチなので、ストライドが非常に大きいことがわかるでしょう。

ここからゴールまで最高速度は秒速一二メートル程度を維持していきますが、ピッチとストライドのバランスは、この六〇メートルほどの間で微妙に変化しています。つまり、レースの最中に、ピッチとストライドを微妙に変えながら走っているということです。

疲労のために速度が落ちてくるゴール手前二〇メートルあたりから、カール・ルイス選手はストライドを縮め、ピッチを上げています。そうすることでスピードが落ちないよう調整しているのです。

一九九〇年代、世界記録を競い合っていたリロイ・バレル選手の、同じレースでのデータも示しました。バレル選手は、対照的にゴール前でピッチを落としてストライドを広げています。

このように、彼らトップアスリートは、ピッチとストライドのバランスを取りながら、さまざまな工夫をしてレースを戦っているのです。

●スキル探索と「ナンバ走り」

一時期、古武術など日本古来の身体技法が見直される中で、「ナンバ走り」がブームになったことがありました。

日本陸上短距離界の第一人者だった末續慎吾選手が、この方法をトレーニングに取り入れたことでも話題になりました。

「ナンバ走り」とは、右手右足、左手左足という同じ側の手足を同時に出す、忍者のような走り方のことで、江戸時代の飛脚もこの走り方だったと言われています。

ただ、この走り方では、現代の走法に比べて速く走れるはずはありません。走法そのものではなく、姿勢や動作など、ナンバ走りのエッセンスを自分の走りに取り込んでいこうということです。

では、そのエッセンスとは何でしょう？

歩いているときと走っているときの腰と肩の回転を分析した伊藤章《いとうあきら》博士（大阪体育大学教授）の研究によると、歩いているとき（ウォーキング）では接地の瞬間、支持脚側の骨盤は真横より前方にあり、支持脚が後方に動くのに連動して、キックする脚の側の骨盤も後方に回転します（図2－7①）。これが従来「ヒップスウィング」と言われているパターンです。

一方、走っているとき（ランニング）では動きが変わってきます。図2－7②のように、着地足が接地するときはすでに骨盤が後ろに引き戻されていて、接地中はすべて着地足側の骨盤が横に平行するラインよりも後方に位置しています。

これは、脚全体の引き戻しに先行して骨盤の後ろ回転が行なわれている、言い換えると腰の回転で脚を引き戻すようにしているということになります。

よく「腰のキレ」と言われますが、こうした状態を指すのだと思われます。

図2-7 歩行時と走行時の骨盤の回転

①歩行時の骨盤の回転

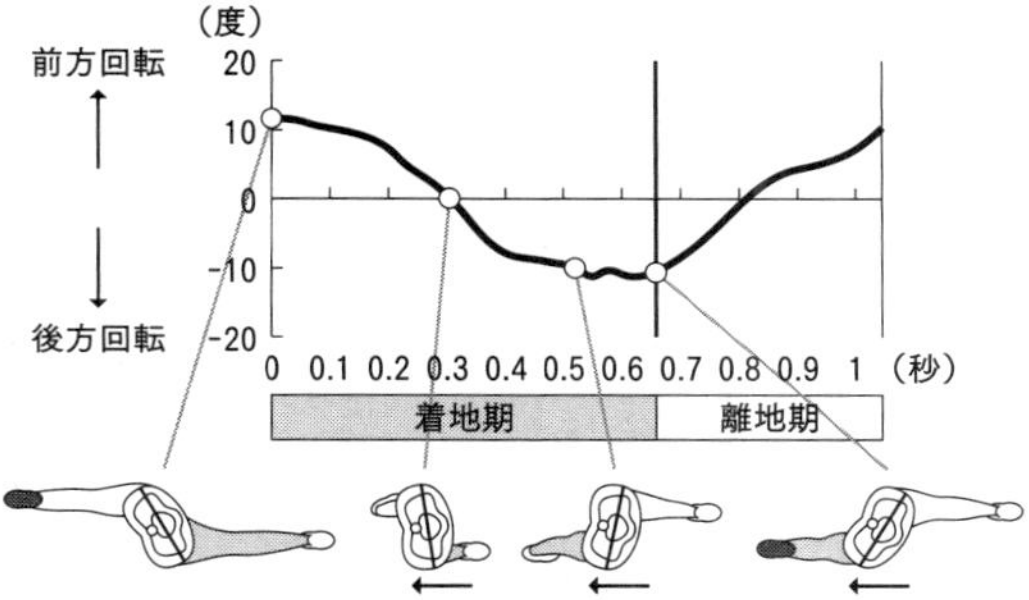

縦軸のゼロが進行方向に対して腰が真横になる姿勢。歩行では、接地中に右脚を引き戻すと、右腰もそれに伴って、前から後ろに回転する様子がわかる。

②走行時の骨盤の回転

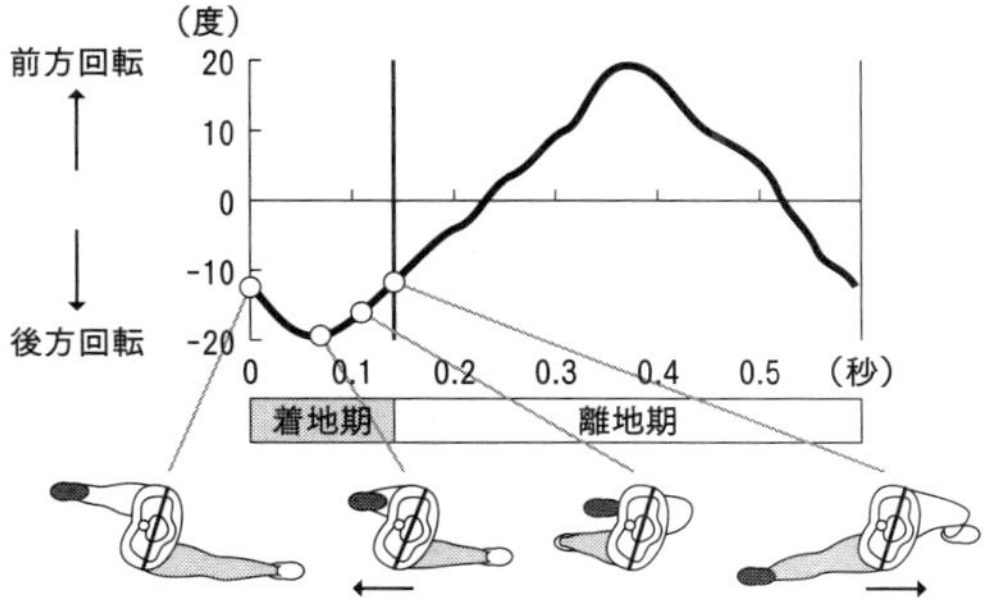

走行は、歩行と異なり、右脚の接地前から、右腰が真横のライン（縦軸ゼロ）よりも引き戻されてマイナスになっている（左端の姿勢）。接地後にさらに後ろに引き戻す局面（左から２つ目の姿勢）があり、その後も右腰は後ろに引いたままキックしている（右から２つ目の姿勢）。つまり、右腰を着地前から引き戻す動作で脚全体をリードしているといえる。

（伊藤章『月刊陸上競技』2005年8月号より）

つまり走っているときの骨盤回転は、歩行のヒップスウィングとは回転のタイミングがかなりずれているという事実が判明しました。

さらにウォーキングでは、大きなヒップスウィングによってストライド（歩幅）を増大させるのに対して、ランニングでは接地期において、キック脚側の骨盤はつねに後方回転の加速度が発揮されていて、その加速度が大きいほどスピードが速いという結果が得られました。

すなわち、ウォーキングでは骨盤の回転の大きさでストライドやスピードを稼ぎ、スプリント走では骨盤回転の加速度、つまり力でスピードを導いていたのです。

また、肩のラインと骨盤の回転のタイミングのズレ、つまり体幹の捻りを調べてみると、ウォーキングでは明らかな逆位相がみられます。片方の肩のラインが後方に回転すると、同じ側の骨盤は前方に回転していました。これはスピードが速くなっても同じ様相でした。

一方、ランニングでは、速度がジョギングのように遅いときにはウォーキングに似ています。ところが、スピードが速くなりトップスピードになると肩が少し先取りして回転し、骨盤がそれに続いて回転するようになります。したがって肩と骨盤が徐々に同じタイミングで回転する、つまりほぼ同位相になってくることがわかりました。

つまり、ウォーキングやジョギングでは、肩と腰を捻りながら移動し、スプリントでは肩と腰を捻るタイミングをずらして移動しているということになります。

そしてこの肩と骨盤の回転のズレの度合いは、実は個人差があると推定できます。トップアスリートはさらに高いレベルの走りを目指して、さまざまな手法を取り入れますが、このズレを走りの中で応用できないかを試しています。その一つが「ナンバ走り」なのだと推定できます。

スプリント走で、どうしたら速く走れるかというスキルを探索する中で、日本古来の身体技法を見直すという観点からの試みです。

いろいろな走りを試しながら、自分に合った走りの動作のエッセンスを探ってみるのはいいことです。試した動作が有効か否かは、以前と同じピッチを維持したままストライドが伸びたかどうかで判断できます。この比較には、ビデオカメラを使うと簡単です。

●最高速レベルの鍵は「アキレス腱」

スプリントに重要なのは股関節を中心にしたスウィング動作ですから、そのための筋肉と、スキルを身につければ十分なのでしょうか。

49ページの図で示したように、ボルト選手は、五〇メートル地点を過ぎてなお加速を続けていました。彼のトップスピードは秒速一二メートル以上、時速にすると四四キロメートルを超える韋駄天《いだてん》ぶりです。

そのスピードの原動力は強靭な筋肉ですが、実は筋肉の働きだけでは、最高速度はここまで上がりません。次のような理由から、アキレス腱が鍵となってきます。

速度が上がると、接地時間はどんどん短くなっていきます。そこからさらにスピードを上げるには、きわめて短い時間に大きな力で地面を蹴る必要があります。つまり大きな筋力を出しながら、筋肉を速く収縮させなくてはいけません。

ところが筋肉には「ゆっくり収縮するほど大きな力を発揮できる」という特性があ

図2-8 アキレス腱の役割

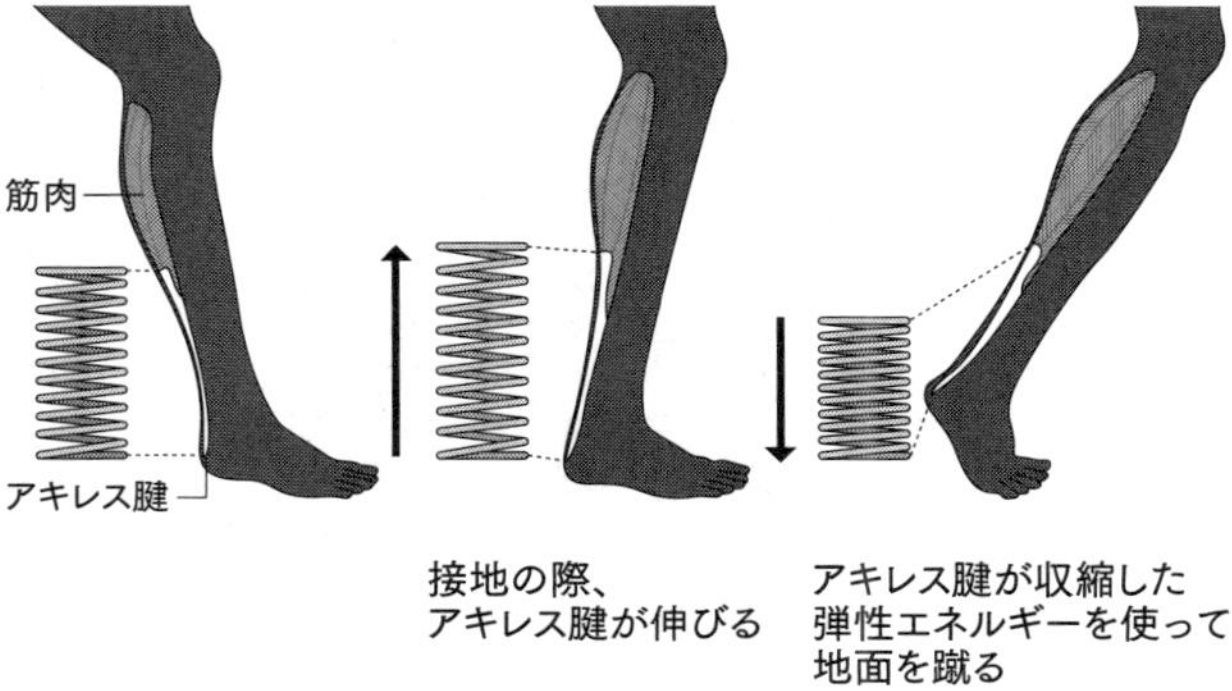
筋肉
アキレス腱
接地の際、
アキレス腱が伸びる
アキレス腱が収縮した
弾性エネルギーを使って
地面を蹴る

アフリカ系のトップ選手のアキレス腱は太いバネのよう。収縮する速度が速く、地面を蹴る際により大きな力を発揮することができる。

ります。つまり、速く動かすほど発揮できる力が小さくなってしまうので、短い時間で強く蹴るには限界があります。

そこで重要な役割を果たすのが、バネと同じ働きをするアキレス腱です。硬いほど伸縮の切り返しが速く、長いほど大きく伸び縮みできます。トップクラスの選手は、アキレス腱の伸縮を利用することで、筋肉の長さをある程度一定に保ち、瞬間的に大きな力で地面を蹴ることができるのです。

アフリカ系のトップ選手は、硬いアキレス腱を持っています。これは太いバネだとイメージするとわかりやすいでしょう（図2－8）。

足が接地する際、アキレス腱は少し伸び、弾性エネルギーを蓄え、筋肉はある程度の長さが保たれた状態で強い力を発揮します。一瞬ののちアキレス腱は速く収縮して足が地面をキックするときは、その弾性エネルギーも使って地面を押します。

つまり太いバネのおかげで、短い接地時間でも強い力で地面を蹴って加速することができるのです。また筋肉の伸び縮みにはエネルギーが使われるのに対し、腱の伸び縮みにはエネルギーが必要ありません。

速さを決める要素は、アキレス腱の長さや硬さだけではありませんが、速く走るためのメカニズムを微細に見ていくと、アフリカ系の選手の恵まれた資質も明らかになるのです。

●腱のバネ作用で筋が効率よく働く

こうした腱の働きをもう少しくわしく見てみましょう。

ふくらはぎの腓腹筋《ひふくきん》とひらめ筋《きん》は、下部でアキレス腱となってかかとの骨に付着しています。腓腹筋とひらめ筋で発生した力をかかとに伝えているわけです。

多くの骨格筋は腱を介して骨に付着しています。腱はコラーゲンやエラスチンでできていて、外力で引き伸ばされると、元の長さに縮もうとする弾性体です。先述のとおり、バネやゴムと同じように振る舞いますから、引き伸ばされた分だけ、力（弾性エネルギー）を蓄える働きがあります。

たとえば縄跳びのような連続ジャンプを行なうと、主に足首が動きます。図２－９

で示すように、その主働筋はふくらはぎの筋です。

縄跳びの着地中、前半でアキレス腱が引き伸ばされて、後半でキックするときに縮んでいます。アキレス腱がバネとして働いて、弾性エネルギーとして再利用する仕組みになっているのです。

縄跳びで着地中にふくらはぎ全体は伸張・収縮していますが、筋と腱とで分けてみると、筋は伸縮しないで力を発揮する「等尺性収縮」をしていて、アキレス腱だけが伸び縮みしています。腱の伸縮は、筋とは異なりエネルギーを消費しません。縄跳びが比較的楽に続けられるのは、このとてもうまい仕組みがあるからです。

さらに、筋はゆっくり収縮するほど大きな力を発揮できます。ゆっくりなら出せる力でも、速い伸縮だと同じ力は出せません。つまり筋の特性上、効率の悪くなる領域を腱が補っているということです。

動物界で跳躍のチャンピオンといえばカンガルーです。なんと一三メートルを連続で跳躍できますが、その秘密もアキレス腱のバネ効果を利用している点にあります。

カンガルーの脚を見ると、かかと（腱の位置）が人間の脚よりも高いところにあるこ

図2-9 縄跳びにおける筋肉と腱の働き

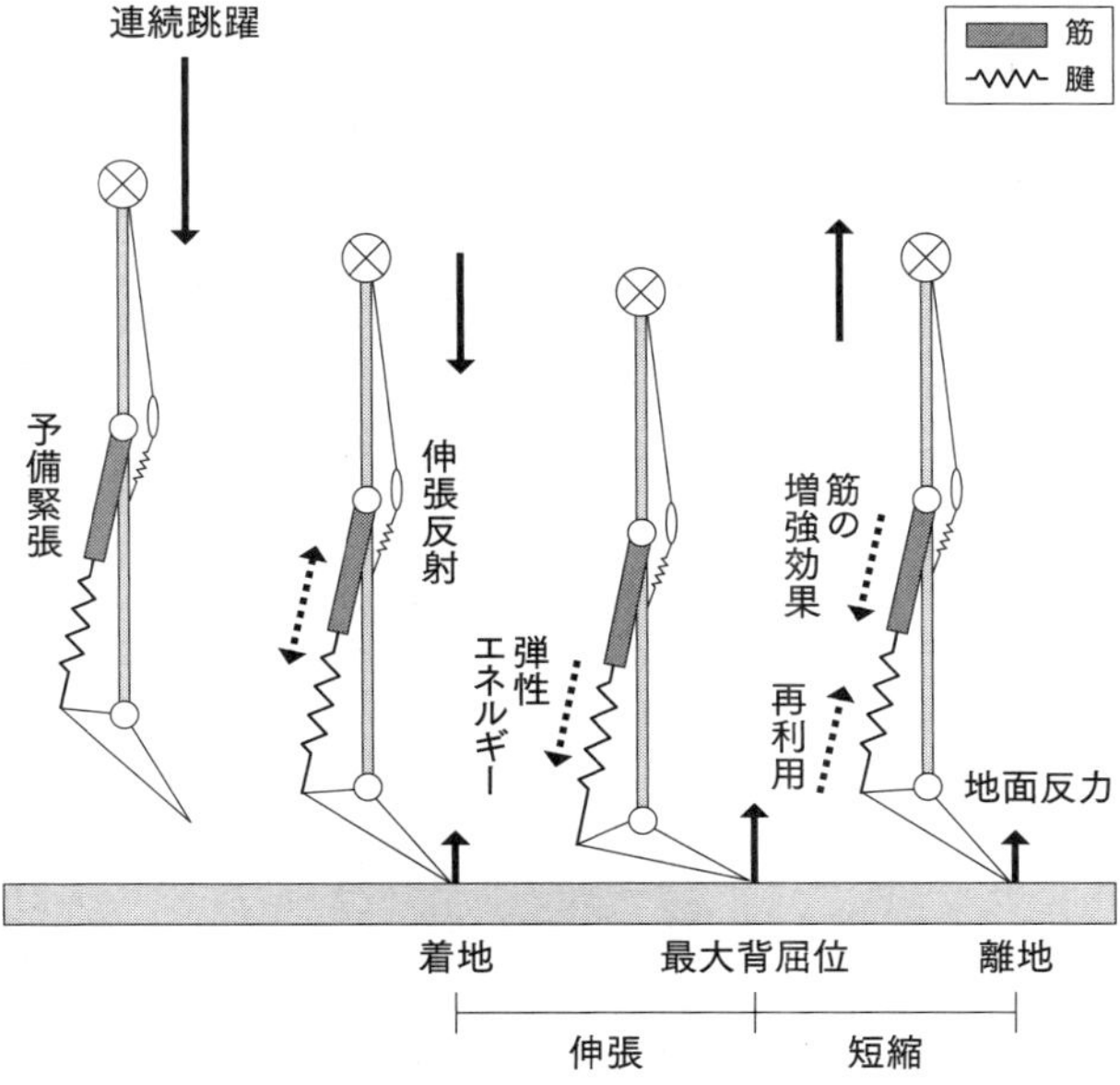

縄跳びの着地における反動動作の模式図。反動動作の４つの効果と筋肉・腱にかかる力の向きの変化を表わしている。

（深代千之『体育学研究』45(2):457-471, 2000）

とがわかります。その分だけ、アキレス腱のバネ効果が有効に伝わるのです。

●競争の歴史は、人類の文化

連続ジャンプで人間はカンガルーにかないません。走るスピードで人間より速い動物もたくさんいます。四足動物で最速といわれるチーターは、最高速度では一〇〇メートルを三秒で走ることができます。

しかしながら、現代のカンガルーやチーターが、一〇〇年前よりジャンプの距離が伸びたり、速くなったりしているかというと違いますね。野生動物は、年々記録を更新することはありません。

それはなぜか。野生動物の間には、お互いに切磋琢磨《せっさたくま》しながら、より速く走るためにはどうするかという競争がないからです。

野生動物の場合、遺伝的に優位なものが生き残る生物としての淘汰《とうた》はありますが、競い合って記録が向上するといったことはありません。

競争という文化によって運動能力の限界を高めていくことができるのは人間だけです。

ヒト（生物としての人間）にとっても「走ること」は、獲物を追いかけたり敵から逃げたりするための手段でしたが、やがて楽しみを目的とした「スポーツ」となり、公正なルールの上に立つ「競争」となって発達してきたのです。

もし文化にまで昇華せず原始のままの生活をしていたら、現代のように一〇〇メートルを九秒台で走ることなどなかったはずです。

こうした記録の更新は、「競争という文化」によって発達してきました。

その歴史は古代ギリシャ時代までさかのぼります。典型的な競技会が、主神ゼウスをまつる祭典競技「オリンピア祭」でした。紀元前七七六年～西暦三九三年まで、一二〇〇年間にわたって続いたこの競技会で「競走」はもっとも重要な競技とされ、短距離走が一九〇メートル、長距離走は一三〇〇～四六〇〇メートルで競われたといわれます。

ところが四世紀末、ローマ皇帝テオドシウスの禁止令によってオリンピア祭は終《しゅう》焉《えん》を迎えます。以降、スポーツは長く暗黒時代が続きました。

一五〇〇年を経て、フランスのクーベルタン男爵の提唱で、近代オリンピックが始まります。一八九六年、その第一回がアテネで開催され、このころから競走の計時が行なわれるようになりました。一〇〇メートル走の優勝記録は一二秒〇でした。

短距離走の記録は、年月の経過につれ、またオリンピックや世界大会を重ねるたびに更新されています。一〇〇メートル走の世界記録は、最初の公認記録である一九一二年の一〇秒六から、二〇〇九年の九秒五八まで短縮されました。

一世紀で一秒、距離にすると約一〇メートル速くなったわけです。これは、次のような要因によって向上したと考えられます。

①素質のある選手の発掘。選手が素質に適した種目を選択するようになったこと。
②効率的なトレーニング。運動動作に必要な特定の筋群を、動作スピードに適した筋収縮速度で鍛えるといったことが普及した。
③競技環境の整備。スターティングブロックの使用や、土のグラウンドからオール

ウエザーへの走路の改良など。

④社会的な環境の変化。とくに女子について競技スポーツへの参加を妨《さまた》げる社会的な偏見がなくなってきたこと。

こうした要因が生まれたのは、「競争という文化」があったからでした。だから人間だけが運動能力を向上させてきたのです。

第3章
日本人は一〇〇メートル九秒台で走れるか

●実はすごい成績を出している日本人

一〇〇メートル走で、人類が初めて一〇秒の壁を破ったのはアメリカのジム・ハインズ選手でした。一九六八年、メキシコ・オリンピックで記録した九秒九五です。21ページで一〇〇メートル走の世界記録・日本記録の推移を示しましたが、このグラフからもわかるように、なかなか更新されなかった記録は、ひとたび「壁」が突破されると、更新のペースが上がる傾向があります。

一九八〇年代後半から九〇年代にかけて、日本記録は急速に向上して世界に迫りかけたのですが、足踏みしている間に、世界との差はまた広がったこともわかります。

二〇一四年二月末時点での日本記録は、一九九八年十二月に伊東浩司選手が、バンコクで開催されたアジア大会で出した一〇秒〇〇です。実はフィニッシュ直後の速報タイムは九秒九九となっており、東洋人初、もちろん日本人で初めての九秒台かと思われましたが、直後の正式タイムで訂正されたのでした。

このレースは準決勝で、伊東はそのレースで圧勝でしたから、金メダルを狙うためにラストを流したとインタビューでも語っています。流さなければ九秒台は間違いなかっただろう、もったいなかった、と言うのです。

それから一五年以上、この記録を破れずにいるのは事実ですが、近年、そこに迫る記録が相次いでマークされています。全体の底上げが進んでいることは間違いありません。

今、九秒台を狙える日本人選手は数名います。

四〇〇メートルリレーでは世界大会でメダルを狙えるところにいることや、アフリカ系選手を除くと、日本人選手が記録の上位に名を連《つら》ねていることなどすでに述べました。

アジア選手として歴代一位、九秒九九の記録を持つカタールのサミュエル・フランシス選手は、ナイジェリアから国籍変更したアフリカ系です。この記録に、伊東浩司選手の記録が一〇〇分の一秒差で続いています。二〇一〇年には、フランスのクリストフ・ルメートル選手が白人として初めて九秒台を記録しています。

人類の歴史で、一〇秒台を突破した選手は世界に九〇人もいません。しかもそのうち非アフリカ系の選手はわずかに二人。こうした中で、日本は非アフリカ系としてトップクラスに位置しています。

九秒台を狙える日本人選手のひとりが二〇一三年四月、高校生で日本歴代二位となる一〇秒〇一をマークした桐生祥秀選手です。彼は身長一七五センチ、体重六八キロと、ごく普通の体格です。

桐生選手のライバルと目され、二〇一二年のロンドン・オリンピックで一〇〇メートル走の準決勝まで進んだ山縣亮太選手は、一〇秒〇七の記録を持ちますが、一七六センチ、体重六八キロと彼もまた普通の体格です。

同じく一〇秒〇七の記録を持ち、ロンドン・オリンピックでは四〇〇メートルリレーの第二走者として走った江里口匡史《えりぐちまさし》選手は、身長一七〇センチ、体重六二キロとスポーツ選手としては小柄な部類といっていいでしょう。

身長や手足の長さから、日本人選手はアフリカ系選手の遺伝子にはかなわないのかと思われがちですが、必ずしもそうではありません。オリンピックの陸上個人種目で

桐生祥秀選手　山縣亮太選手

写真提供：UPI ＝共同

も、日本人選手が表彰台に立つことは、決して夢ではないのです。

●体が小さいことは関係ない

現在、サッカーの世界ランキング一位はスペインです。ご存じの方も多いでしょうが、スペインのサッカーは、ゴール前まで細かくパスでつないだり、ドリブルで突破したりして得点を奪うスタイルで、現在の代表チームには一七〇センチくらいの小柄な選手が何人もいます。

ワールドカップなどを見るとすぐにわかりますが、ドイツやオランダなどといった国は非常に大柄な選手が多く、フィジカルを活かした突進やポストプレーなどで試合を進めるタイプで、対照的です。

こうしたサッカーを見てもわかるように、体の大きさは必ずしもスポーツで勝つための条件ではありません。むしろ、小柄であることは、ジグザグ走やドリブルにおいては有利になる要素です。

極端な例で説明すると、体形が相似形で身長が二倍違う二人（たとえば、大人と子ども）を想定してみます。二人が同じスピードで走っていたとすると、大人は子どもの二倍のストライド（歩幅）、子どもは大人の半分のストライドで二倍のピッチ（一秒間の歩数）となります。つまり子どもの脚は二倍回転していることになります。

ピッチが多いということは、方向転換がしやすく、ボールにタッチする頻度も二倍になりますから、ジグザグ走もドリブルも、体の小さいほうが有利になるのです。

また、身長が二倍違うと、面積は二乗の四倍、体積は三乗で八倍になります。この「スケール効果」は第1章で説明しましたが、筋力は筋の太さの横断面積に、体重は体積に比例しますから、筋力の増加は体重増に追いつかなくなります。

すなわち、体が小さいほど、筋力を有効に使って、速い動きや大きな動きに変えることができるというわけです。

動物の中でもっとも筋肉量が多いゾウは、ジャンプできません。それどころか一度転んだら、立つことができません。カンガルーは体長の約一〇倍をジャンプできますが、ノミは体長の約二〇〇倍ですから、桁《けた》が違います。

二〇一一年、女子サッカーワールドカップで優勝した、「なでしこジャパン」の活躍は日本中に感動を呼び起こしました。ドイツ、スウェーデン、アメリカといった長身のチームに対して、明らかに小さな「なでしこジャパン」が走り回ってもぎとった勝利でした。こうした動きも、身長が低いことをハンデとせず、むしろ自分たちの身体的特徴を活かした結果と言えるでしょう。

ちなみにサッカー史上屈指の名選手として知られるブラジルのペレ選手は一七一センチ、アルゼンチンのマラドーナ選手は一六五センチです。現代、最高峰の選手としてアルゼンチン代表のメッシ選手を挙げることに異論はないでしょうが、彼は一六九センチです。

もっとも、サッカーは対戦相手があるスポーツですから、相手の長所を封じ込めて、自分の長所を活かすことができれば勝利につながります。単純な力勝負ではなく、ボールコントロールのスキルや戦術が要《かなめ》になるわけです。

一方、一〇〇メートル走は、「誰がいちばん速く走れるのか」というシンプルな競技です。身体的なポテンシャルが結果につながりやすいとも言えますが、少なくとも体が小さいから勝てないというのは誤解です。

それは、日本人であっても、ジャマイカなどの黒人選手に次ぐ成績を残していることからもわかりますし、さらに速く走るための理論がわかってきて、日本人選手も世界と十分に渡り合えることがはっきりしてきたからです。

●ストライドを三センチ伸ばせればいい？

では日本人選手が九秒台を出すには、どうすればいいのか。

結論だけ述べれば、今と同じピッチであれば、ストライドを三センチ伸ばせばいいということになります。

トップ選手は一〇〇メートルをおよそ四〇歩で走りますから、ストライドを三センチ伸ばすことができれば、四〇歩進んだときには、一メートル二〇センチ余計に進んでいることになります。時間にすると〇・一秒くらいですから、それによって一〇秒を切れる計算になります。

もちろん、それを実行するのは大変です。

ただ、これはあくまでも「今と同じピッチを維持したうえで」のことですから、ストライドを広げたことでピッチが落ちてしまい、速度が下がる可能性もあります。トップ選手は限界に近いところまで身体を動かしていますから、ピッチを上げればストライドが縮まり、ストライドを伸ばせばピッチが落ちてしまうことが多く、単純にストライドだけを伸ばすのは簡単ではありません。

ですから、コーチは選手の体格や筋力などを勘案しながら指導していくことになります。選手が一〇〇人いれば、指示の仕方も一〇〇通りです。

繰り返し述べてきたように、バイオメカニクスの成果として、速く走るためには股関節を中心に脚を振り、ムチのようにスウィングさせるということはわかっています。

ももを上げる腸腰筋、ももを下ろす大殿筋やハムストリングスを鍛えて筋力を付ければ、脚が股関節を中心に速く回るようになるわけです。

脚が速く回っていてきちんと地面を蹴れば、大きい動きを無理してつくる必要はありません。速く回ってきちんと蹴れば、結果的にストライドが伸びる――これをオーダーメイドで各選手に合わせて、実現していかなくてはいけません。

また、第2章で「ナンバ走り」について述べたとき説明したように、歩いているときは肩と腰で前後の動きが逆になる。それが速く走ると意外なことに一緒になっています。

股関節で脚を振る際、何が主動しているかというと腰の捻りです。肩をうまく振って腰の捻りにつなぎ、それが主動して脚をスウィングさせるといったことを、きわめて速い切り返しの中でしているわけです。

腕を振るのは、腕を振ること自体が目的ではありません。体幹をねじるために振る。その動きをもとに股関節や骨盤につながって脚がスウィングします。そうすると、普通に走っているのにピッチは速くて、ストライドが伸びてくるのです。

日本記録を持つ伊東浩司選手も一〇秒〇〇を記録したレースを回想して、「あれは走ったのではなく、腰が動いたというイメージなんです」（ウエブサイト「スポーツコミュニケーションズ」http://www.ninomiyasports.com 掲載の二宮清純《にのみやせいじゅん》氏の記事より）と言っています。脚がよく動いた、といった感想でないのがおもしろいところで、まさに理想の走り方の感覚をよく表わしていると思います。

●トレーニングと練習の違い

こうした身体の動かし方とか力の入れ加減といったものは、実際に走っている選手の主観ですから、コーチと選手の間でも、意見が相違することはしばしばあります。選手に聞くと「あっ、今の動きだ！」と突然ひらめくようにわかるそうです。ただ、一度そういうことがあっても、次に走ったときに再現できるかというと必ずしもそうではないようです。そのため、できたりできなかったりを繰り返しながら、練習によって身体に感覚を覚え込ませていくのです。

トレーニングと練習は本質的にまったく異なるものです。

トレーニングは筋力や持久力をつける「体力的」な訓練であり、練習とはうまくなる、できるようになるという「技術系」の訓練のことです。

たとえば、筋力トレーニングをして腕立て伏せを一〇〇回できるようになっても、その後サボったり、年を取ったりすれば、できなくなってしまいます。一方、自転車に乗れる、ボールを投げるといったことを時間が経ったら忘れてしまうということはありません。

つまり、トレーニングで得たものは可逆的、練習で得たものは不可逆的だといえます。練習して一度、身体が覚えた運動パターンは脳の中の小脳に永久的に保存されます。脳の中に、脳からの指令を筋肉に伝える道筋ができる、これが運動ができるようになるということなのです。

逆に、練習においては、目的とする動きや技術を達成できないまま途中でやめてしまえば、まったく意味がありません。運動の習得は、できるかできないかのどちらかであり、いくらあと少しでできそうでも、途中でやめてしまえば何度同じ練習を繰り返してもできないままです。これがトレーニングともっとも異なる点です。

私たちの脳では、神経細胞がシナプスと呼ばれる接合部位を介して信号を伝達しており、記憶はこのシナプスに保存されていると考えられています。もう少し詳しく言えば、記憶とはシナプスの伝達効率が上がったり下がったりする変化によって作られるのです。

この記憶は、英単語を暗記するなどといった「頭で覚える記憶」と、自転車に乗るなどといった「体で覚える記憶」に分類できます。

「頭で覚える記憶」は大脳のシナプスの伝達効率が長期間増強される「長期増強（LTP）」という現象、一方の「体で覚える記憶」は小脳のシナプスの伝達効率が長期間抑制される「長期抑制（LTD）」という現象によるものです。

自転車などに乗る練習をするとき、大脳から手足の筋肉の神経に信号が伝えられます。実はこの信号は小脳にも伝えられていて、もし失敗して転んだりすると、その「失敗」を伝える信号が小脳に行くようになっています。この信号によって「長期抑制」が起こるのです。

「長期抑制」が起こると、この「失敗」した際の間違った運動指令を伝えるシナプスが抑制され、正しい乗り方をしたときの運動指令だけが伝わるようになります。つまり、脳は「成功」したときの信号だけを伝えるようになり、それが「体で覚える記憶」となって、身につくというわけです。

前にも述べたように、スポーツ選手本人がどれだけ筋力を発揮するかは、主観によるところが大きいです。選手の感じる力の出し具合を「筋感覚」と呼びますが、この筋感覚と、実際に発揮される筋力にはえてしてズレがあります。

体をリラックスさせて合理的な使い方、つまりブレーキをかける拮抗筋をリラックスさせられれば、素早い動きができているにもかかわらず、筋感覚では主働筋にそこまで力を入れていないと感じるということになるはずです。

トップアスリートたちは、こうした感覚を身体に覚え込ませるために、日々、練習を重ねているのです。

●いつ九秒台の日本人選手が出てもおかしくない

日本人はアフリカ系の選手に比べて脚が短い。この特徴は走るのに必ずしも不利なことばかりではありません。脚の短さを活かして（?）、スタート時のダッシュが速いという特徴があります。

東京オリンピック、メキシコ・オリンピックの一〇〇メートル走で準決勝まで進んだ飯島秀雄選手は、スタートダッシュが突出して速く、アフリカ系選手に対してリードするものの、中盤以降で追い抜かれてしまうことがしばしばでした。

このダッシュが速いと、スピードスケートでは非常に有利です。陸上では着地した脚の位置は変わりませんが、氷の上では着氷してもスピードが殺されずに、慣性でグーッと前に進んでいくことができるからです。

今、陸上では、突出してダッシュの速い選手はいなくなりました。「加速局面」「等速局面」「減速局面」をトータルで考えて一〇〇メートルを走るというようになってきたからです。それだけ科学的根拠に基づく指導が広まっているのです。

長年破れなかった日本記録の一〇秒〇〇まで、二位の一〇秒〇一からは一〇〇分の一秒、距離にすると一〇センチ程度です。そこからさらに一〇〇分の一秒、一〇センチ先には九秒台の世界があります。今、そこまで近い位置に来ています。

今、桐生選手と山縣選手が、大会ごとに一〇〇分の一秒を競い合うような、いい勝負をしています。ここに風や天候といった環境や選手のコンディションなどが整えば、いつ九秒台で走る日本人選手が出てきてもおかしくありません。

高いレベルで「競う」ことはとても重要です。実際に練習をするのはホームグラウンドですが、その中での自分の走りが、どんな状態に仕上がっているか、もっと高いレベルとはどんな感じなのかつかみづらいものです。

そのため、日本陸連ではトップ選手を集めて合宿を行なうなど、環境を整えているわけですし、国際大会に出るのも意義があります。国際大会で自己新記録を出すような日本人選手が出てくることが望まれます。

●「ブレーキをかける筋肉」をどう緩めるか

筋肉は縮むことで動きを生み出していますから、関節を中心に腕や脚を一方に曲げて、片方の筋肉が縮んでいる状態のときは反対側の筋肉が伸びています。つまり、一つの関節には二つの筋肉がセットで付いています。

したがって、なんらかの動作をするとき、働いていない側の筋肉は緩んでいれば軽く動くのですが、力が抜けず十分に緩んでいない場合は、その動作と反対の方向に力がかかってしまい、動きにブレーキがかかります。

実は、この力を抜いて、使わない筋肉を緩めるということが、走るうえでとても重要なのです。

ためしに、ひじから腕を曲げるときに使う筋肉と伸ばすときに使う筋肉の両方に全力で力を入れてみてください。当たり前ですが、両方の筋肉が全力で働くと、頑張っているのに腕はどちらにも動かないということになります。

ときどき運動会で「頑張れ！」と応援されて、ガチガチに力が入っているのに、まったく脚が動いていない子どもがいますが、まさにそういう状態です。アクセルを踏みながら思い切りブレーキをかけているのです。

そうなるのは子どもばかりではありません。トップ選手でも起こります。だからリラックスが重視されるわけですし、選手自身もリラックスしたいと思って走っています。もちろん、全身の筋肉がリラックスして緩んでいたら走れません。要点では力が入っているのだけれども、ブレーキの筋をリラックスさせることが大切なのです。

たとえば膝を伸ばすときには、ももの表側にある筋肉、大腿四頭筋が主働筋として働きますが、ももの裏にあって膝を曲げる筋肉である大腿二頭筋は、膝を伸ばさないというブレーキかける筋肉になります。逆に膝を曲げるときには裏側の大腿二頭筋が主働筋として働き、表側の大腿四頭筋はブレーキをかけることになるわけです。

高速で走ろうとすると、股関節を曲げたり伸ばしたり、主働筋とブレーキになる筋肉をやはり高速で切り替えなくてはいけません。

具体的に言うと、同様にももを上げる腸腰筋、ももを下ろす大殿筋やハムストリングスの間でも、高速の切り替えが必要です。ピッチが四〜五ということは、一秒間に四〜五回、切り替えなくてはなりません。となると、動作が終わって落ち着くのを待っているわけにはいきませんから、先取りしてブレーキにならないようにすることが必要になります。

必要な筋肉、主働筋だけを動かして、そうではない筋肉は緩めてブレーキにならないようにする。それができれば、自分の持っている能力をきちんと出せるということなのです。

たとえて言えば、二〇〇〇ｃｃのエンジンを積んだ自動車でもサイドブレーキが半分かかった状態では満足に走れません。六六〇ｃｃの軽自動車でも、きちんとサイドブレーキを解除して、一〇〇％エンジンの性能を発揮させてやれば、ずっと速く走れるのと同じです。

緊張すればするほど、必要がない筋肉も働いてしまう、つまりブレーキになってしまうからベストの記録が出にくくなります。

難しいのは、主働筋は緊張することが必要だということです。練習で走るよりも試合で走ったほうがタイムが伸びるのは、興奮することで筋肉がある程度緊張し、普段以上の力を発揮するからです。

スポーツ心理学では「逆U字仮説」といわれますが、人は興奮しすぎても、しなくてもだめで、ちょうどいい興奮のところでもっとも集中して能力を発揮できるとされています。

このちょうどいい興奮状態を主働筋で発揮して、ブレーキをかける筋をリラックスさせられれば、現在活躍中の日本人選手も自己ベストを更新することができるはずなのです。

●リラックスのさせ方がうまかった朝原選手

一九九三年に一〇秒一九、一九九六年に一〇秒一四、そして一九九七年には一〇秒〇八と日本記録を三回更新し、二〇〇一年に一〇秒〇二の自己ベストを記録したのが、朝原宣治選手です。彼はアフリカ系選手ばかりが活躍する現代の短距離界で、日本人の可能性を示して、後に続く選手たちに道を切り開いた選手と言えるでしょう。

その朝原選手の全身の筋肉を、ＭＲＩ（核磁気共鳴断層撮影装置）で調べたら、ももを引き上げる腸腰筋が、世界記録も出したアサファ・パウエル選手（ジャマイカ）の半分ほどでした。それでも一〇秒〇二で走ったのです。

これは身体をうまく使えていたということです。彼はよく「リラックス、リラックス」と口にしていましたが、筋肉がブレーキにならないようにする感覚を持っていたのだと思います。

力を発揮する筋肉はパウエル選手の半分ほどでも、リラックスのさせ方がうまかったから、結果として世界に肉薄する活躍ができたということになります。

要所の筋収縮は速くして、ブレーキになる筋はリラックスさせるという理屈は、誰でもわかるのですが、簡単にはできません。そもそもリラックスのさせ方となると、選手とコーチで感覚のせめぎ合いになりますから、これはバイオメカニクスではなく芸術の領域になってしまいます。

ただ現在では、動きをコンピュータでシミュレーションすることが可能になっています。どの筋肉をどのくらい鍛え、どの動きを改善するともっとも優れたパフォーマンスが実現するかを推定するという研究も進めています。

すでに垂直跳びでは「この部分の筋肉を何％増やせば、何センチ高く跳べる」という道筋がシミュレーション可能です。残念ながら「走り」の動作ははるかに複雑なので、そこまで実現はしていませんが、やがて可能になれば、日本人選手は未到の領域へと到達するはずです。

●もともと身体のコントロールがうまい日本人

このように、理想の走り方に近づくよう、身体の動きを巧みにコントロールすることは、一流の選手でも容易ではありません。

しかし、日本人は他の国にくらべて身体をうまく使うことに長《た》けている、と私は考えています。それは、もともと日本の生活の中には、欧米の生活などに比べて、たくさんの「ワザ」が組み込まれているからです。

日本人は、基本的には床に座って暮らす文化です。外国人に正座が苦手な人が多いことからもわかるように、椅子の生活に比べて床に座るということは、つらいものなのです。動くたびに立ったり座ったりと、関節の曲げ伸ばしを伴う大きな動作をしなければなりません。

けれども、この動作は日本人にとっては当たり前のことで、年配の人でもさほど苦にすることはありません。和式のトイレなども、しゃがんだ姿勢を維持するために、下半身の筋力を使うものです。

また、食事の際に使用するお箸《はし》も、これは言ってみればただの二本の棒にすぎません。それを器用に使いこなして、はさむ、つまむ、すくう、刺す、切るなど、食べ物に合わせてさまざまな用途を達成しています。ナイフとフォークは、そこまで多彩なことはできません。

こうした日本のワザは、子ども時代の遊びの中にも見ることができます。おはじきやお手玉、鬼ごっこ、缶蹴りなど、昔ながらの遊びは、どれも上手に身体を動かすようにできているのです。

だから日本人がすごい、ということを言いたいのではなく、欧米人は道具を用途に即して細分化し、より簡単に使えるように進化させる文化を持っているのに対して、日本人はシンプルな道具をさまざまな用途に使えるよう、そのワザを磨く文化を育ててきたということです。

そして、これはスポーツの場面でも活きてくることだと思います。日本人は、理想の走り方を達成するために、身体をどう使えばよいかを考え、練習の中でそのワザを磨く高い素質を持っていると感じます。これは日本人のアスリートにとって非常に大きな武器となるはずです。

●バトンパスという大きな武器

日本人がワザとして持っている技能のひとつが「バトンパス」です。

二〇〇八年の北京オリンピックでは、男子四〇〇メートルリレーで日本チームは三八秒一五というタイムで、ジャマイカ、トリニダード・トバゴに次ぐ三位、銅メダルを獲得しました。

陸上トラックの種目で日本がメダルを獲ったのは、実に八〇年ぶりのことでした。そのときのメンバーは、塚原直貴《つかはらなおき》選手、末續慎吾選手、高平慎士《たかひらしんじ》選手、朝原宣治選手でした。

私は、一九八八年のソウル・オリンピック以降、日本陸連の科学委員会のメンバーとして、スプリントチームのサポートを行なってきました。その大きな目的のひとつが、リレーの強化でした。

これまで述べてきたように、個人ではジャマイカ、アメリカの選手たちに勝つことはなかなか困難ですが、リレーでは、バトンパスという技術的な要素が含まれ、それがタイムに大きく影響します。

とくに、ジャマイカ、アメリカといったチームは、大会当日にちょっと練習するだけなので、つけいる隙《すき》があると考えたのです。

バトンパスは決められたバトンゾーン（二〇メートル）の中で行なわなければなりません。受け手の選手は、渡し手の選手がある地点まで来たら全力でスタートダッシュをします。そして、全力で走ってくる渡し手と同じスピードになったところでバトンを受け取るわけです。

バトンパスでタイムをロスするか否かは、受け手のスタートダッシュのタイミングだけだと言っても過言ではありません。

私は、バトンゾーンを中心にした四〇メートルの範囲で、渡し手と受け手のスピード曲線を算出して、スピードロスを最小限に抑えるサポートを行ないました。そうし

図3-1 バトンパス時のスピード

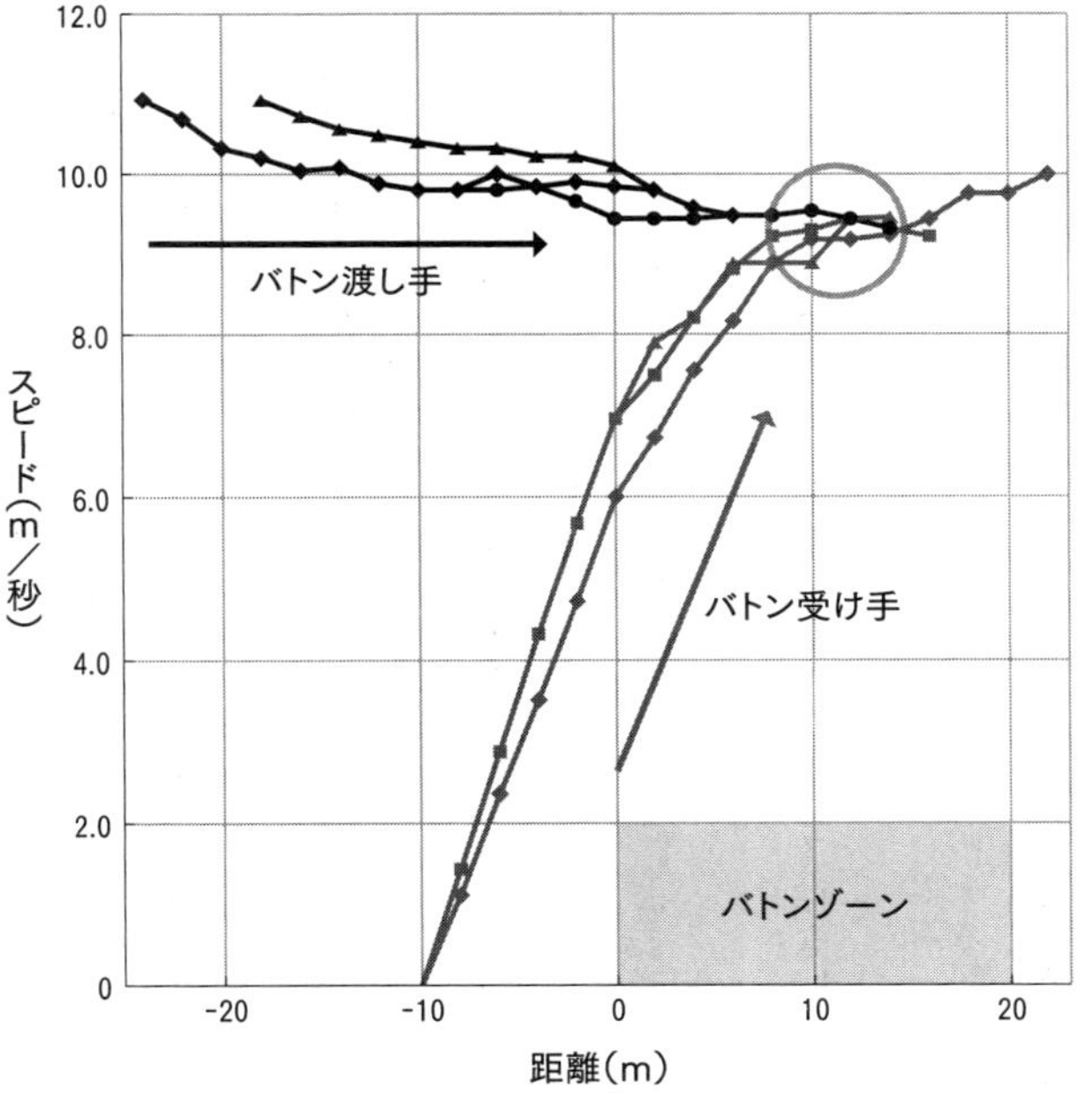

バトンゾーン前後の、バトンの渡し手と受け手のスピード曲線。バトンゾーンの中間くらいでパスしているが、スピードが毎秒1メートル程度遅くなっているのがわかる。このスピード低下がなければ、かなりのタイムロスを防ぐことができる。
(深代千之『月刊陸上競技』35(12):174-178, 2001をもとに作図、1走から2走、2走から3走、3走からアンカーへのバトンパスをまとめて表示)

て解析した例が、図3－1のグラフです。

グラフを見ると、渡し手のスピードは、バトンゾーンの手前から徐々に落ち、さらにゾーンに入ると低下していることがわかります。これが、タイムロスの原因となるのです。

このような分析をもとに、渡し手がスピードを落とさずに受け手がバトンを受け取れるようになるダッシュのタイミングを何度も練習していったのです。

こうした成果が、北京オリンピックでは実を結んだと言ってよいでしょう。アメリカなど強豪国のバトンミスがあった結果とはいえ、日本人が技術で強豪国で打ち勝つことができることを示したことは大きな成果だと思います。

●バイオメカニクスで「根性」が不要になったわけではない

バイオメカニクスは、運動の仕組みを力学的に解析する科学的な理論です。というと、スポーツとは相容《あいい》れないもののように感じる人も多いかもしれません。とくに運動部に入っていた経験のある人にとっては、違和感が大きいのではないでしょうか。

運動部というと、理屈よりも「気合い」や「精神力」が重視されてきました。「頭ではなく、体で覚えろ！」は、どの運動部にも共通する決まり文句でしょう。

身体を鍛え、スキルを身につけるだけでなく、精神力を強化する（いわゆる「根性をつける」）ために、炎天下の一〇〇本ノックのように倒れる寸前まで追い込む練習をしたり、先輩後輩の厳しい序列など、軍隊的な環境であることが少なくありません。

そのため「スポーツは好きだけれども、根性練習がイヤでやめてしまった」という人も出てきます。さらに、最近では運動部の体罰問題など、見過ごせない問題が顕在化してきており、マスコミにも採り上げられるようになりました。

ただ、運動部の理不尽な環境も悪いことばかりではありません。極限まで追い込まれた経験があれば、「自分はここまでやったんだ」という自信を持って試合に臨むこともできるでしょう。そうやって勝ったことによる達成感、充実感も、負けたときの悔しさも、厳しい練習を乗り越えてきたからこそ強く感じることができるのです。

日本の国技である相撲や、武道である柔道や剣道の世界では、「心技体」という言葉がよく使われます。「心」とはメンタル面や精神力、「技」は技能や技術、「体」は体力のことですが、この三つが揃《そろ》ってバランスよく向上していくことが重視されているわけです。

前章で触れた「ナンバ走り」のような、日本古来の身体技法も注目されています。身体技法とは、自分自身の身体感覚を研《と》ぎ澄まして、それを軸に身体動作の技法を磨いていくものです。つまり「主観を突き詰める」ことに特徴があります。

客観を突き詰めているのがバイオメカニクスですから、対極に位置していますが、対立するものではありません。両立可能です。主観で考え、主観で身体を動かす選手に取り込まれて、バイオメカニクスは初めて力を発揮します。

バイオメカニクスは「魔法の杖」ではないので、これだけですべてが解決するわけではありません。理論に則《のっと》ってもスマートに練習できるというわけではないのです。トレーニングの繰り返しはつらいことには変わりはないでしょうし、極限まで追い込む練習が必要な場合もあるでしょう。

要は、バイオメカニクスをどのように活用していくかということになりますが、プロの競技やトップアスリートの間では、これまでの「心技体」の強化に加えて、バイオメカニクスを取り入れる動きが急速に広がりつつあります。

プロの世界では、少しでも早くレベルアップすることがつねに求められています。これまで経験という「主観」だけに頼ってきたものをバイオメカニクスの活用で「客観」に置き換えることで、確かにその目的が達せられると知られてきたからです。

●まだまだ「経験」がものを言う野球界

陸上競技に関して言えば、指導者はレベルアップしていますし、トレーニングの環境も急速に整ってきました。この本で説明したようなことも、おおむね理解されています。中学・高校のクラブ活動でも、昔のように勘で指導している人はいないでしょう。

ただ、これはスポーツによって差があります。

たとえばプロ野球界では、昔、活躍した選手がコーチ、監督になることが圧倒的に多いでしょう。もちろん名選手でありながら名コーチ、名監督になる人もいます。しかし、誰もがそうではありません。

自分が選手のときにやってきたことを、コーチになってもアップデートせず、そのままやらせれば強くなる、うまくなると思っている人も多く、その人に実績があるものだから、誰も反論できない。その結果、新しい知識を取り入れようとする雰囲気が阻害されてしまいます。

先日、石垣島《いしがきじま》に行って、自主トレをしているプロ野球選手を見てきました。

オーバーハンドでものを投げる動作は、直立歩行をする人間だけに与えられたものです。野球の投球動作を見てみると、一般に次のような四局面に分けられます（図3―2）。

・投げ手の逆脚を引き上げながら、胴体を十分後ろに捻ります（ワインドアップ）。
・引き上げられた脚を前に踏み出します（コッキング初期）。
・胴体の捻り戻しと、前屈によって肩の移動スピードを高めます（コッキング後期）。

図3-2 野球の投球動作

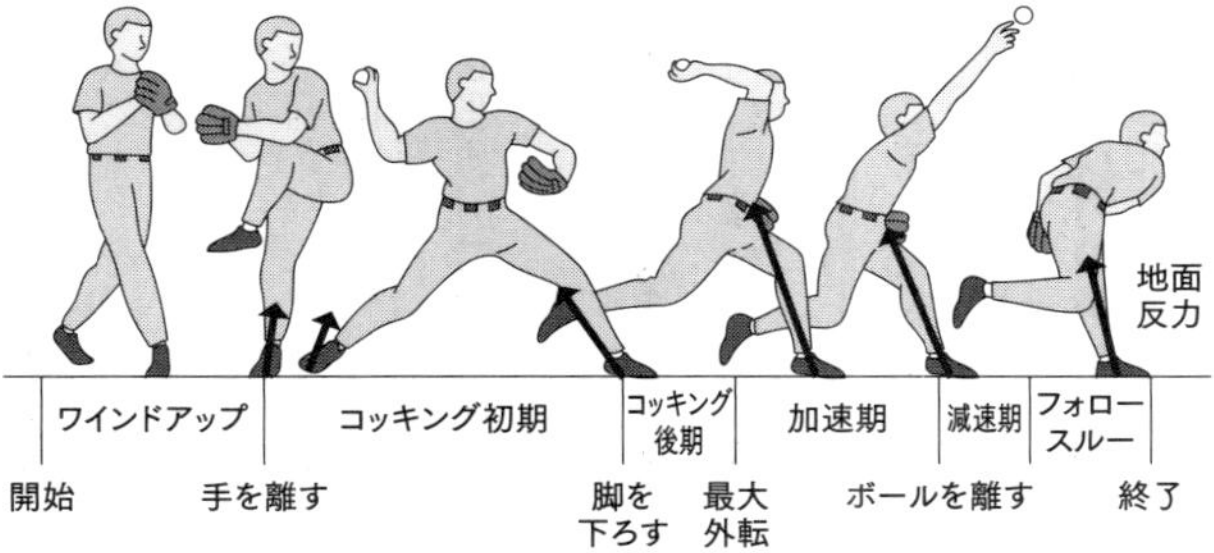

投球動作と地面反力ベクトル。前に踏み出した脚の地面反力が大きいことがわかる。投球では、この反力をどのように使うかが鍵となる。（深代千之『体育の科学』61:474-476, 2011）

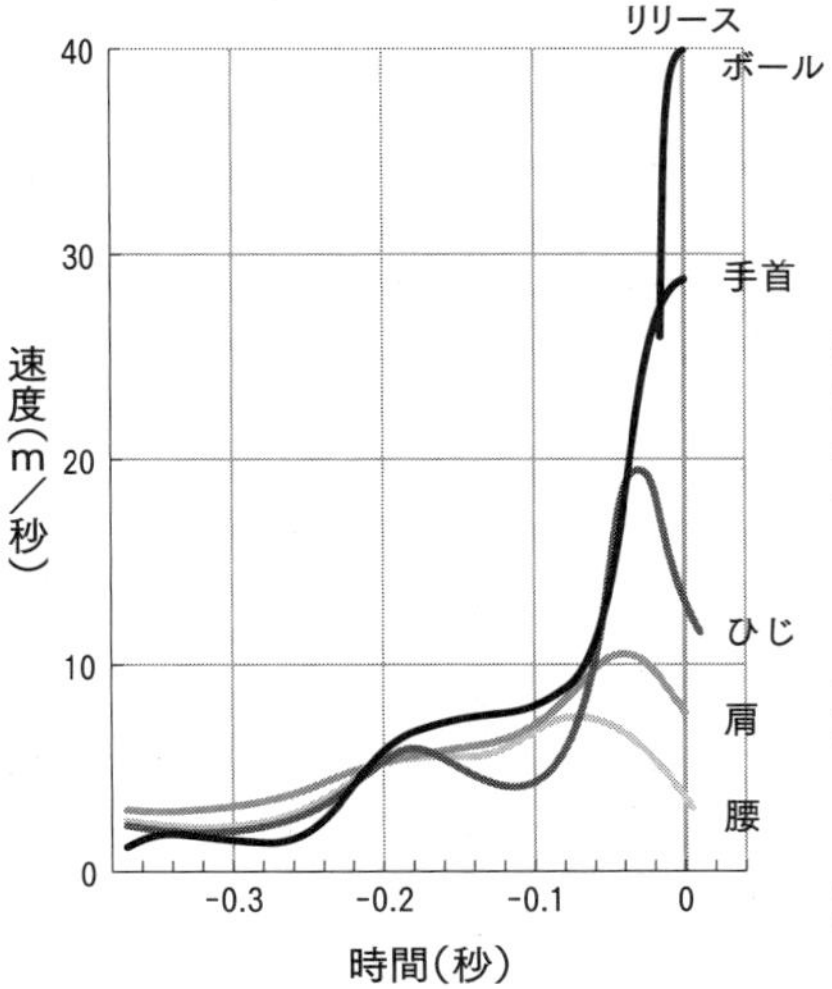

投球動作中の身体各部位のスピード変化。腰、肩、ひじ、手首と徐々にスピードのピークがずれていく様子がわかる。これがムチ動作で、体幹でつくったエネルギーを末端に伝える。
(Hoshikawa, T., *et al.*, *Biomechanics* V-B, University Park Press: 109-117, 1976を改変)

・肩から外旋した上腕部を捻り戻しながら、腕をムチのように使って末端＝ボールのスピードを高めます（加速期）。

身体各部のスピード変化を見ると、最初に腰、続いて肩、ひじ、手首、最後にボールと、各部位でスピードが順を追ってピークを迎えながら、末端にいくほど大きくなっていきます。この、順次ピークをずらしていく現象は、ムチがしなる動作と同じです。

踏み出した前脚を、日本のピッチャーはしっかり曲げるように指導されますが、アメリカではなるべく曲げないように指導されます。これは日米でピッチングが目指すところの違いです。

日本式に膝を大きく曲げる投げ方だと、投球動作中にボールを移動させる距離が長くなり、コントロールがよくなります。一方、アメリカ式だと、膝を曲げないので、前脚の地面反力の衝撃は関節反力を通じて直接腰に届き、前脚の着地後に上体が前にバタンと急激に倒れ込みます。肩の移動スピードを上げるのに適しているため、結果として剛速球を投げることができるのです。

つまり、こんなところからもコントロールで勝負する日本と「打てるものなら打ってみろ！」とばかりに力で勝負するアメリカ、というように日米の野球観の相違が垣間見えるわけです。

これはごく入り口ですが、石垣島で選手たちとお酒を飲んだ際に、野球においてバイオメカニクスで得られている知見について話したところ、すごく興味を持って食いついてきました。このときは全員が投手でしたので、投球の理屈が知りたいという質問に答えていったのです。

とくに、あるアメリカ育ちの日本選手は、練習メニューについて納得したうえでトレーニングをしたいということで、コーチに「何でこの練習やるんですか？」などと聞くわけですが、「そんなことを言ってないで、言われたことをやれ」と注意されてしまうのだそうで、科学的な理屈の話を聞いてとても喜んでいました。

野球に限りませんが、アメリカなどでは有名選手でなかった人が、指導者のための教育を受けて監督になったりします。よく「名選手は名監督にあらず」と言われますが、自分ができてしまう名選手は、経験を普遍化して人に伝えることは苦手な場合もあるのです。

日本でもサッカー界などは、指導者のライセンス制度などが整備されていますが、歴史のある分、野球界は遅れをとってしまいました。

それでも石垣島で話した選手たちに見られるように、バイオメカニクスのような科学的、客観的なメカニズムの話をすれば、貪欲《どんよく》に学ぼうという姿勢はトップアスリートであれば誰もが持っているはずです。

●子どもたちには二種目以上のスポーツを

野球の悪口を書くのが本意ではありませんが、子どものときから野球がうまいと、中学、高校、大学と野球だけを続けてプロ野球選手になる人も少なくありません。しかし、私は、このように子どものころから特定のスポーツだけをさせる仕組みに反対しています。

野球にしろサッカーにしろ、幼いときに何かスポーツを始めて、そこで才能を見せた場合、日本では子どもをそのスポーツに取り込んでしまいます。野球に入ったら野球だけをやらせる、サッカーに入ったらサッカーだけをやらせるというように、本当にそのスポーツに向いているかどうかわからないうちに決められてしまうのです。

若いうちは他のスポーツをやってみたら、もっと自分に合うものが見つかって、能力を発揮できるかもしれません。けれども、みんな自分のスポーツ種目に少しでも才能のある子が欲しいので、青田買いしたいわけです。そのことがさまざまなスポーツで才能を発揮する可能性の芽を摘《つ》んでしまっているように思います。

音楽や芸術などの世界では「芸事は六歳の六月六日から」という、小さいころから始めることの大切さを示すことわざがあります。巧みさの習得には、脳の発達段階で神経細胞の樹状突起や軸索《じくさく》が発達するできるだけ早い時期がいいことがわかっています。

しかし、これは一つのスポーツに特化することを勧めるものではありません。小さな子どものうちに、さまざまな運動を経験し、シナプス（神経細胞間や、神経細胞と筋線維などの接合部）の伝達効率をよくしておくことが大切です。

そのことが、発育期や成人になってからの運動の「うまい、へた」を大きく左右すると考えられるからです。

私は子どもたちに二種目以上のスポーツをさせることを提案しています。野球と器械体操、剣道とサッカー、水泳とバスケットなどなんでもかまいません。そうすることで自分の特徴がわかったり、本当にやりたいスポーツを始めたときに応用できたりするのです。

だから私は、いろいろなスポーツができるようにしようと提案しているのですが、なかなか大きな流れにはなりません。

私たちが子どものころは、放課後、遊びの中で好きなスポーツを暗くなるまで楽しんでいましたが、そんな牧歌的な子ども時代を過ごせたのは、昭和三〇年代生まれくらいまででしょう。

かつては遊びの中でいろいろな動きをしていたものが、たとえば少年野球に入ったら、少年野球しかしなくなってしまう。体に負担のかかる変化球は投げさせないにしても、小学生でも大人のようなサインプレーをしたりする。

こうしたことを小学校三、四年生からやっているわけです。小学校六年生ともなると頭抜《ずぬ》けた子どもも出てきますが、まず間違いなく野球を続けることになるでしょう。ほかのスポーツをしていたら将来はもっとすごい選手になるかもしれないのです。

もちろんそれは可能性でしかないのですが、えてしてスポーツを選ぶ際には環境や流行に左右されやすいものです。その子によりフィットするスポーツをやるための選択肢は多いほうがいいはずです。

今の子どもたちのお父さん、お母さんは、塾やお稽古ごと、スポーツ教室などに通うのが当たり前という時代に育っていますから、子どもたちが特定のスポーツに取り組むことに違和感はないのだと思いますが、本当はいろいろなスポーツを経験させて、わが子の可能性を広げるほうが望ましいのではないでしょうか。

●裾野を広げることの意味

現代のスポーツは、裾野の広さ、つまり競技人口の多さが頂点の高さに直接つながるわけではありません。

ただ、裾野を広げてさまざまなスポーツをさせてみて、この種目に向いているとわかったところから特化して、競技選手として育てる必要があります。日本の短距離界でも、さまざまなスポーツ種目を経て、次世代の有望選手を発掘する仕組みが整ってくれば、指導方法はかなりのレベルで確立していますから、さらに記録が伸びることになります。その意味で、裾野の広さは必要です。

たとえば女子のバレーボール選手がやり投げなどを始めたら、相当な記録が出ると思います。でも一種目しかしないので、そういう可能性が閉ざされてしまう。野球やサッカーをしている人に一〇〇メートル走をさせると、速い人がいるかもしれません。

これは陸上競技に限りません。タレントの発掘はどのスポーツでも同じです。

高校くらいになると、全校生徒の中で運動神経がよさそうな人は野球部かサッカー部にいるというのが一般的ですが、この二つを始めてしまうと別のスポーツをしなくなってしまいます。高校野球など、その強豪校の生徒でなく他校ならばエースで活躍できるような人材が、スタンドで旗を振っているケースもあるわけです。また、違うスポーツをやっていたら別の才能が開花していたかもしれません。

今、少子化で学校の生徒自体が少なくなってきています。だから二校一緒に二種目、三種目やるといった仕組みができるといいなと思っています。

一人が何種目も出られるようにすると、運動能力の高い子ばかりがいろいろなところに出てしまうのでよくないという意見もありますが、いろいろなスポーツを経験させることが大切です。

あるいは、甲子園の常連校は一〇〇人以上も野球部員がいますが、ベンチに入るのは十数人で、あとはみんなスタンドです。それでもそういった学校に入りたいという気持ちはわかりますが、八〇人近くの人が活躍する場を持てないのではあまりにもったいないと思います。ですから、同一の種目の中でも活躍できる人を増やす仕組みをつくる。たとえば一軍戦、二軍戦、三軍戦といったやり方も考えられるわけです。

これと同じように、それぞれのレベルでいろいろなスポーツに取り組めたり、試合に出られるよう、仕組みを少し変えればいいわけです。

また、スポーツや体を動かすことを通して子どもたちの視野を広げるという意味では、体育教育を見直すことも必要です。

現在、多くの小学校ではひとりの先生が全教科を教えるので、体育専門の先生が体育を教えるわけではありません。どの教科でも言えることですが、ちゃんとした知識に基づいて、本当の楽しさを教えるには専門の人が必要です。

そんな中で、徳島県石井町の教育委員会の村山《むらやま》一行《かずゆき》先生はこんな取り組みをしています。中学・高校の体育の先生として採用試験を受けたけれども、残念ながら採用にならなかった人たちが、次の試験を待つあいだ、小学校の体育を補助的に教えにいくのです。給料は町から支払われます。

従来、小学校では担任の先生が、体育の時間も受け持つわけですが、きちんと体育を学んだ人が行って指導すると、子どもたちはみんな動きがうまくなるのです。

あるいはさらに、小学校や幼稚園・保育園で体育を教える専門の職業ができればもっといいと思っています。小さな子どものころから、きちんと知識を持った人が、身体の動かし方を教える仕組みです。

子どもたちが体を動かす環境としていちばんいいのは、三、四〇年前の『三丁目の夕日』で描かれたような時代です。木登りしたり、川で泳いだりと勝手にやっていて、それがよかったのです。しかし今さらそれは望めません。だから、意図的にそういう場をつくる必要があるのです。

将来の日本を担うトップアスリートは、こうしたところから生まれるのだと思います。

第4章

「バイオメカニクス」で人の動きはどう変わる?

●バイオメカニクスを日常生活に活かす

本書ではここまでバイオメカニクスとスポーツ、とくに一〇〇メートル走について説明してきましたが、そうしたダイナミックな動きだけでなく、バイオメカニクスの研究成果を活かして、日常生活での動作においても「どうするのが正しいのか」が、はっきりとわかっています。

身体が楽な動き方とか、年を取ったときに不具合の起こらない動き、姿勢といったものは、バイオメカニクスで説明がつくのです。

たとえば、椅子から立ち上がるときを考えてみましょう。上体を直立させたまま立ち上がるよりも、上体を前に倒してから立ち上がるほうがずっと楽です。試してみると、すぐわかるでしょう（図4－1）。

人間が椅子から立ち上がるときは、膝と股関節の合力によっていることがバイオメカニクスの研究からわかっています。それも一方の力が大きくなると、もう一方は小

図4-1 **楽に椅子から立ち上がるには**

上体を前に倒すと、股関節を使って楽に立ち上がれる。

上体を直立させたまま立ち上がると、膝に負担がかかる。

さくなります。つまり、股関節の力が大きければ、膝の力は少なくてすむわけです。股関節周辺は、全身でもとくに大きな筋肉が集まっているところで、立ち上がる動作で股関節を動かす大殿筋は、腰からお尻を通って太ももへとつながる大きな筋肉です。膝をまっすぐにする動きは、太ももの前側にある大腿四頭筋の働きです。これも大きな筋肉ですが、大殿筋ほどではありません。

筋肉は大きいほど強い力が出せますから、大殿筋を働かせる、つまり股関節を動かすようにしたほうが楽に立ち上がることができます。膝の負担を減らすことにもなります。

すなわち、上体を前に倒して立ち上がるのが、「股関節を動かす立ち方」なのです。上体を直立させたまま立ち上がると、股関節を有効に使えないので、膝への負担が大きくなります。

「膝が痛い」という人は、股関節を意識することで、痛みを軽くすることができます。膝だけではありません。股関節を使って動くと楽に大きな力が発揮されるので、肩や首までコリや痛みが軽減されるのです。人間は理屈にかなった動作をしているものと思われがちですが、教わらなくては、案外、自分の身体をうまく使いこなせていないことがあるのです。

何かの目的のために、身体そのものを道具としてうまく使う方法は「身体技法」と呼ばれますが、意識することで「身体がうまく使える」ということは、たくさんあります。

「腰を入れる」「脇を締める」などという表現がよく使われますが、これも古来、日本人が経験の中で生み出した身体技法です。目的と違うところをあえて意識することで、動きを引き出すこともあります。

身体技法は歴史や文化、言語などによって異なると考えられており、日本の身体技法の特徴は、関節のつながりを意識した感覚に基づいているところです。それが理にかなったものであることが、最新のバイオメカニクス研究によって明らかにされてきています。

●わらじの利点を活かした靴づくり

明治維新以降の西洋自然科学の日本への導入とその発展は、日本人に多くの恩恵をもたらしました。しかし、生活が便利になった反面、日本人が古くから育《はぐく》んできた大切な身体文化を失うことにもつながりました。これは、履物《はきもの》の文化にも当てはまります。

第3章でも述べたように、日本人はシンプルな道具を使いこなすワザや身体の動きを磨く文化を持っていました。

日本刀は、切る・突き刺すという両機能を含めた形のために、身体全体、とくに腰で切らなければなりません。「一器多様」とも言われる、これら日本の道具は、一見、不十分に見えますが、それを使うワザが必要であり、ワザの習得過程で、身体と動作そして感覚を育んできたのです。

日本古来の履物である「わらじ」にも、実はそうした知恵とワザが込められていました。

十返舎一九《じっぺんしゃいっく》の『東海道中膝栗毛』は、題名の通り、主人公である弥次《やじ》さん、喜多《きた》さんが東海道を旅する様をおもしろおかしく描いた話ですが、彼らは江戸の日本橋《にほんばし》から京都の三条《さんじょう》大橋までを約二週間で歩いています。

これは、一日に約三〇キロメートル以上を歩いていることになります。二人とも飛脚などではなく、喜多さんは三〇歳、弥次さんは五〇歳になろうとする普通の人です。一般の人がなぜこれだけのスピードで歩けたのか。その秘密のひとつが、彼らが履いていたわらじの構造にあると考えられます。

わらじには、足の指の下に当たる部分のソールがありません。すると、自然に指の付け根あたりで地面を蹴ることになります。そして、このとき指が、地面に着くほどではありませんが、わずかに下降するのです。

私自身もわらじを履いて試してみましたが、足の指が下降する際に、膝がぐっと前に押し出される感覚が得られました。そこで、バイオメカニクスで分析してみたところ、わらじの歩行だと実際に膝の関節トルクが下がっていることがわかったのです。

つまり、膝にかかる負担が軽減されているということです。

また、わらじは鼻緒を起点とするひもが、土踏まずとくるぶしを通ることで足を固定するようになっています。これは、西洋の靴のように足をアッパーといわれる面で固定しないため、指をはじめとして足の各部の自由度が高く、身体本来の感覚を養うことが自然と育まれるという利点があります。

もちろん、西洋の靴にはわらじにない良い点があります。西洋の靴は、履きやすさ・歩きやすさ・傷害予防の観点から、大変効率よく仕上げられてきており、特にアウトソールのクッション性、耐久性などは、わらじが及ぶべくもありません。

私は、こうした西洋の靴と日本のわらじ（さらに、下駄、雪駄《せった》など）の長所を融合して、新しいシューズを作ることはできないかと考えました。そこで、実際にスポーツ用品メーカーのミズノに共同開発を提案し、製作したのです。

具体的には、次のようなポイントを意識しました。

・インソールの指の部分を下降させ、指の付け根が曲がりやすいようなアウトソー

わらじ

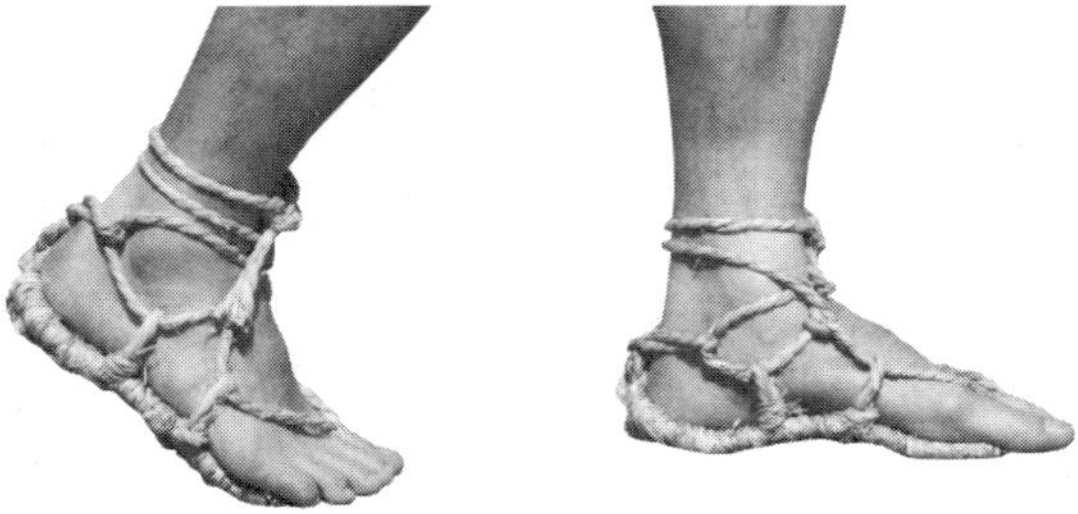

指の下にソールがなく、
わずかに指が下降する

鼻緒とひもで足を固定する

「ウエーブリバイブII」

画像提供：ミズノ株式会社

ルにする。

・鼻緒をつけることで、人間が本来持っている足指の感覚を目覚めさせる。

・西洋シューズに倣《なら》い、アウトソールを硬くして地面反力ベクトルが膝を通るようにする。

・雪駄のように、鼻緒だけでなく、ストラップで足全体を緩やかに包み込むことで、足部を面で覆わずに、指を自由に動かせる状態にする。

その結果できあがったのが、141ページの写真のようなものです。これは「ウエーブリバイブ」という商品名で実際に発売されています。私はこのリバイブで徳島マラソンを二回完走しました。つまり、ウォーキング用に開発したのですが、ジョギングも可能なのです。

さらに、わらじには人の歩き方を変える効果があることがわかっています。

わらじを履いたときの効果を調べるために、次のような実験を行ないました。対象者は男女大学生（三三名）で、まず、自分のシューズで三〇メートルを普通に歩き、歩数を計測します。

その後、わらじを履いて三〇分程度、グラウンドを自由に歩行します。そして、わらじを脱ぎ自分のシューズに履き替えて、同じように三〇メートルを普通に歩き、歩数を計測する、というものです。

その結果、わらじを履く前の歩数は平均四四・七歩であり、わらじを履いた後の歩数は三九・九歩で、平均四・八歩少なくなっていました。つまり、わらじを履くと歩幅が、六七センチから七五センチへと約八センチ広くなるという残存効果が存在する可能性が示されたのです。

わらじを履いた学生の印象は、「足が軽くなった」「足が自然に前に出る」などでした。このような「わらじの感覚的残存効果」を活かし、シューズというハードウェアだけではなく、日本人が元来大切にしてきた身体感覚を目覚めさせる歩き方（ソフトウェア）の技法も含めて、研究成果を日常生活に還元していきたいと考えています。

このように、古くからある道具や身の回りのものには、昔の人の知恵と工夫が隠れています。現代の科学で読み解いて、新しいものを生み出していく温故知新の精神を大切にしていきたいものです。

●「姿勢を正す」必要性は、科学で説明できる

「背筋をまっすぐに」「しゃんとしなさい」などと、両親や教師から叱られたことのある人は少なくないでしょう。

現代は昔ほど、「姿勢をよくしなさい」「正しい姿勢をとりなさい」などと言われることがないようです。「姿勢を正す」ということが何か堅苦しいことのように捉えられているためかもしれません。

しかし、姿勢を正せというのは、何も精神的な理由だけから言われていたのではないかもしれません。いわゆる「正しい姿勢」こそ、もっとも楽な姿勢であることは少なくないのです。

静止した状態で直立するとき、いちばん楽なのはくるぶしの上に膝、股関節、頭がまっすぐ乗るように立つことです（図4－2）。

図4-2 「正しい姿勢」は楽である

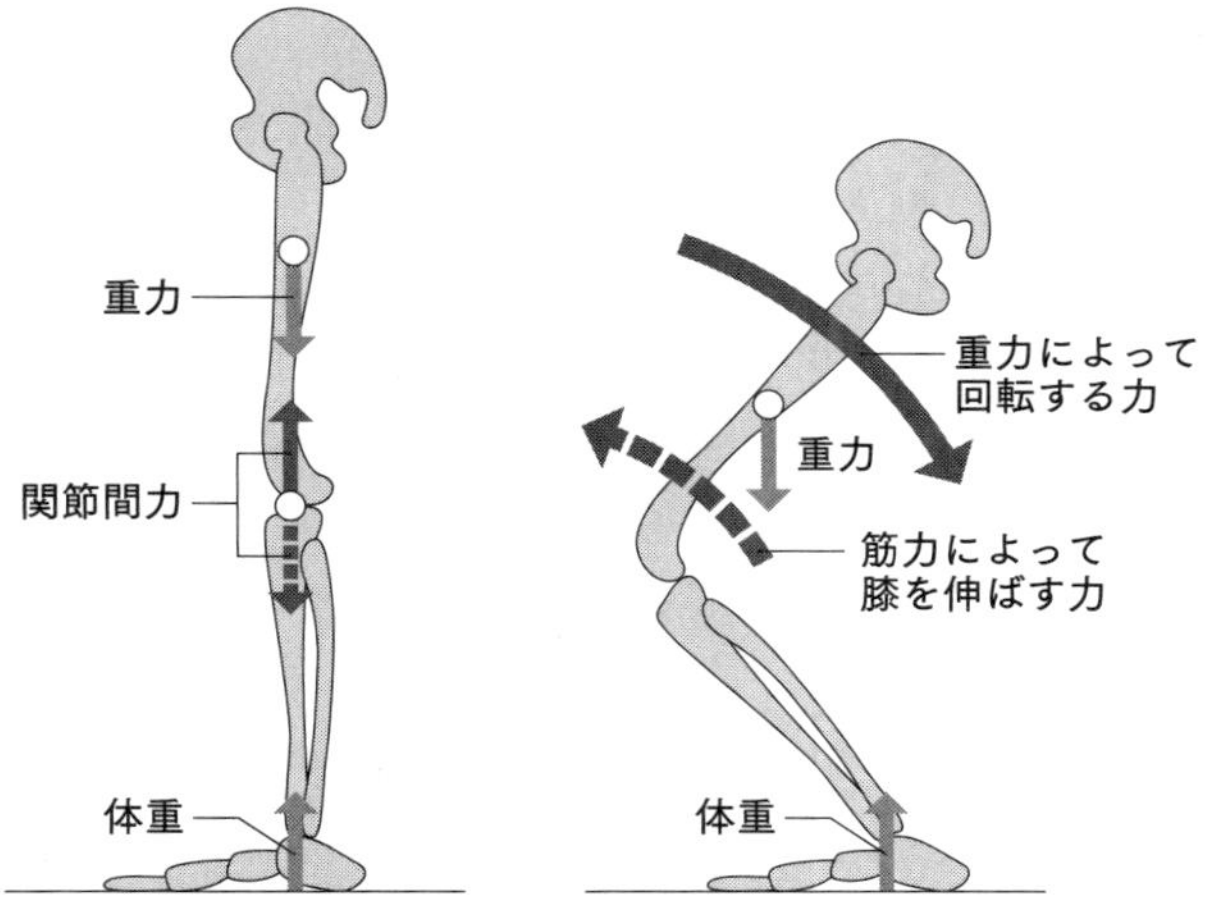

直立して立つと筋力はほとんど使わない。

膝が曲がっていると、姿勢を維持するために「回転する力」の分だけ筋力を働かせる必要がある。

（両姿勢ともに、もちろん体重は同じ）

関節には、「関節間力」といって、一方の骨ともう一方の骨が押し合う力が働いています。くるぶし、膝、股関節、頭をまっすぐ乗せれば、関節間力だけで立つことができます。このとき、ほとんど筋力は使わないですんでいます。

ところが膝が曲がっていると、重力で腰を下げる方向に回転力が働くので、反対に膝を伸ばすように太ももの表側の筋肉（大腿四頭筋）を働かせなくてはいけません。

細長い「だるま落とし」をイメージしてもらうと、わかりやすいでしょう。まっすぐに乗っていると安定していますが、それが関節間力を十分に使っている状態です。ずれていると簡単に崩れてしまいますから、それを支えるために筋肉が緊張しなくてはいけなくなるのです。

「背筋を伸ばせ」と言われると、背中の筋肉に力を入れて、胸が反《そ》ってしまう人も多いのではないでしょうか。緊張して整列するような場合ならともかく、本来の「姿勢をまっすぐにする」という意味に立ち返れば、くるぶし、膝、股関節、頭のバランスをとることだけを意識すればいいのです。

もちろんこれは理論上の話です。筋肉の収縮（活動）は最小化できたとしても、働いていることには変わりありませんから、長時間立っていると疲れてしまいます。そのため私たちは無意識のうちに体重をかけている脚を、交互に入れ替えているのです。

こうしたことも知っておいて、無意識の行動を助ける動作をしてやると、もっと楽に動けるようになります。

しかも、最初は意識しなければできなかった動作も、やがて無意識にできるようになります。さらに、「まっすぐ立つ」ことができるようになると、「まっすぐ椅子に座る」ことも難なくできるようになるなど、違った場面でも応用できるようになるのです。

また、同じ床に座るのでも、正座のほうがあぐらをかくのに比べて、背骨には負担のかからない「よい姿勢」だと言えます。腰から背骨、頭までがまっすぐに伸びており、前後左右に偏《かたよ》りがないからです。

偏りのある姿勢をとっていると、次第に身体の歪《ゆが》みが蓄積していき、腰痛や肩こりなど身体の不調の原因となります。日頃からこうした「よい姿勢」を意識しているだけで、身体の状態は目に見えてよくなるはずです。

●正しい知識を身につけよう

身体の仕組みや動かし方については、感覚で語られることが多く、実際に何が起きているのかわからないままに動かしている人が多いようです。

これはスポーツ選手に限りません。むしろ一般の人のほうが、間違った知識や思い込みのまま実践してしまうことが多いでしょう。身体に負担をかけてしまうと、取り返しのつかない故障を抱える危険性があります。

スポーツはしないという人でも、間違ったダイエットであったり、逆にリバウンドして健康を損なったケースをしばしば耳にします。

裏返せば、正しい知識を持つことで、今まで不便に感じていたことやストレスだったことが、ぐっと楽になるという可能性があるのです。

「ネットに書いてあったから」という理由で、信じてしまう人が急増していると新聞に載っていましたが、「科学的根拠に基づいた正しい知識」は、かつてないほど重要になっていると思います。

大人の場合、こうした「正しい知識」を喜ぶ人と、理屈は嫌いだという人と、タイプが分かれるようです。

ブームのマラソンを例に挙げると、タイムが上がったとき、「呼吸循環器系が強くなったから速くなった」のか「走り方がうまくなったから速くなった」のか、時間だけではどちらが効いているかわかりません。

そんな理屈を気にしないで、純粋にスポーツの実践を楽しむのが悪いとは言いませんが、大人だからこそ、そうしたメカニズムを知ることで、効率的にタイムを上げたり、故障の危険を避けることもできるはずです。

仲間と競ったり、タイムを目標にして、ひたすら練習に打ち込むのもいいですが、タイムが上がってくるとうれしくて、走りすぎて膝を壊してしまう中高年も少なからずいます。そんなときに少しの知識があれば、防ぐことができる場合もあるのです。

心拍計を使ったり、新しいテクノロジーを搭載したシューズを買ったり、理屈好きな人は、そうした面でも趣味として楽しむことができます。ロードバイク（自転車）を趣味にする人も、エネルギーの代謝といった生理学的な知識から、目的とする筋肉の動かし方などの身体技法に詳しい人も多いと聞きます。

●「走り」を覚えることなく成長する子どもたち

人間は成長すると、歩けるようになり、走れるようになります。それが当たり前だと思われているので、「歩き方」「走り方」を学校などでことさら習うということは少ないと思います。

せいぜい走るのが遅い場合に「頑張れ」と言われるくらいでしょう。しかし、やみくもに頑張っても、ブレーキをかける筋肉が働いてしまうと速く走れないことは第2章で説明したとおりです。

速く走るためには、股関節をきちんと動かして、脚をスウィングさせること。股関節の働きは、体幹のねじれによって骨盤の回転から生み出す。そういった体幹の動きをコントロールするのが腕の振りなのです。そういった、身体を動かすための「正しい知識」は、教わらなくては知ることができません。

たとえばボール投げは、後天的に学習しなければできません。

日本では男の子はキャッチボールをしたり、河原で石投げ遊びをしたり、メンコをしたりするので、オーバーハンドで身体全体を使ってボールを投げることを覚えますが、こうした遊びをしなかった女の子は、成長しても男性のようなフォームでボールを投げることができません。

野球が普及していないヨーロッパの国などでは、成人男性も日本の女性と同じような投げ方の人が少なくありません。

ボール投げと違って、少し前まで、走ることは成長すれば当たり前にできる運動でした。ところが今、「走り」もボール投げなどと同様に、後天的に学習しなければ上達しないという子どもたちが増えているのも事実です。
三、四〇年前の子どもたちは、自然の中でさまざまな「遊び」をしていると、知らず識らずのうちに速く走るための術も身につけていたものです。

ところが、現代はそんな機会がまったく失われてしまいました。速く走るという以前に、そもそも走り慣れていないという問題が発生しているのです。

だからこそ、私が『運動会で1番になる方法』で子どもがどう練習すれば足が速くなるかを書き、その内容を「世界一受けたい授業」というテレビ番組で三回紹介したところ、大きな反響があったのだと思います。

走り慣れているか、いないかは、走り方を見れば一目瞭然です。走り慣れている子どもは、足の指の付け根が地面に接地しているので、足首のバネを活用した躍動感のある走り方をします。これに対して、走り慣れていない子どもは、足首のバネが使えていないために、かかとから足裏全体が地面に接地するようなベタベタッとした走り方になります。

さらに一目瞭然な違いが、もう一つあります。それが、脚の巻き込み方です。

たとえば、静止した状態から膝を曲げながら前方に引き上げる動作では、ももの裏側（ハムストリングス）に力を入れることによって曲がるわけですが、走っているときには、そこに余計な力は入っていません。

では、どうして膝が曲がるのかというと、脚がテンポよく回転しているときは、股関節の働きのみで、筋肉にあえて力を入れなくても膝が勝手に巻き上げられるかのように引き上げられるからです。外部からはこの様子は、脚がムチのようにしなる動きに見えるのです。

走り慣れていない子の場合、リラックスした状態で膝を曲げることができません。つまり股関節が機能していない。力を入れた状態のまま曲げてしまったり、あるいは膝が伸びた状態のまま前に出てしまうので、ぎこちない動きに見えてしまうのです。

●なぜ「頑張れ！」と励ましても速く走れないのか

本書では「走り」におけるブレーキ（着地）とアクセル（蹴り）の関係について、何度も述べてきました。すなわち、着地と蹴りが交互に素早く、ムリ・ムダ・ムラなく繰り返されることによって、「走り」の質は向上していきます。

脚のスウィング動作に加えて、最大のポイントは「着地するタイミングで必要な筋肉にいかに力を入れ、リラックスすべき筋肉に力を入れないか」です。

つまり、「走り」の質を見極めるもう一つの指標は、「リラックスする筋とストレスをかける筋のバランスとタイミングの良し悪し」となります。

したがって、走りの苦手な子に「頑張れ！」と活を入れても、マイナス効果にしかなりません。なぜなら、彼らは「頑張る」＝「全体に力を入れる」ことだと思っているからです。

とりわけそうした子の場合、ブレーキをかけるほう、すなわち本来はリラックスしなければならないほうの脚にも力が入ってしまうからです。

トップアスリートの中には「リラックスしたから速く走れた」と語る選手がいるように、「力を抜いて、リラックスして」というのはよいアドバイスです。ただ、先に述べたように、本当に全部の筋肉がリラックス状態のままで速く走ることはできません。

ポイントは要所要所では力を入れつつ、必要ではない筋肉はリラックスさせておくという点にあります。理想的な「走り」のイメージを持ちながらさまざまなドリルをして、「あ、これか！」という感覚をつかむことなのです。

●「走り」本来の感覚を得るには

では、そもそも走り慣れていない、かけっこの苦手な子どもたちに、どうやって教えればいいのでしょうか？

本来の「走り」の感覚を学習するため、まず競歩を取り入れてみるという方法がありります。二〇メートルほどの距離をできるだけ速く歩くことを繰り返すのです。

そうすることで「走り」と同様の地面の捉え方と、同時に前方への腰の押し出し方を学べます。股関節にグンと乗ってくるような押し方で、地面を蹴ることができるようになります。

もう一つの方法がスキップです。これも膝をグンと前へ振り出すような感覚を体験することで、脚がムチのようにしなるという「走り」の感覚を習得できます。

スキップの場合、「タッ、ターン」と二回地面に足を着いてリズムをとりますから、走るときのように一回で踏み切るのと違って、比較的、余裕を持って臨めます。それだけ苦手な子でもコツをつかみやすいのです。

「走り」を検証するときは、どうしても動力源となる下肢の動きに注目が集まりますが、実は中心となる体幹の働き（ねじれやあおり）や、それをリードする腕を振る動作によって作り出されるエネルギーが大切なのです。

●「遊び」と「競争」が失われた子どもたち

これまで、子どもたちは、さまざまな遊びの中で、身体の動かし方を身につけてきました。

私自身が子どもだった昭和三〇〜四〇年代を振り返ってみると、集団の中での鬼ごっこ、木登りやボール投げなど、公園や神社、あるいは野山を駆け回って、寝食を忘れて遊んだものです。

そんな中で、どんな遊びにおいても核となるのは「走る」という動作です。子どもが遊ぶのに欠かせない運動でした。

当時はもちろんテレビゲームやパソコン、携帯電話などありません。そんな話を、今の学生たちにすると「かわいそうな時代だったんですね」と憐れまれるのですが。しかし、私たちは便利さを享受する見返りに、身体の動かし方を覚える機会を失ってしまったことに思い至らなくてはなりません。

走り方を知らない子どもたちがたくさんいるのは、外遊びからテレビゲーム主役の内遊びへの変化によって、遊びの中から「走り」の要素がいつのまにか消滅してしまった結果の現象なのです。

もう一つ「走り」の質が低下した理由として、競争が忌避されてきたことも挙げられると思います。しかし競争は向上心の原動力でもあります。

一時期、運動会の徒競走で、順位をつけない学校が出てきて、大きな話題になったことがあります。「みんな同じように頑張ったのだから、順位をつけるのはおかしい。かわいそう」という理由でした。

ところが実際は、競争原理の働かない社会はあり得ません。受験勉強はもちろん、就職試験、社会の実際の仕事も競争だらけです。

とはいえ今、学校の勉強の成績は、廊下に貼り出されないかぎりはっきりとはわかりません（この点で塾とは明確に違います）。同じ教室で授業を受けているから、日ごろの様子からAさんとBくんはきっと優秀だろうという見当はついても、テストの結果が公表されなければ、正確な順位まではわからないからです。

ところが、運動会の徒競走では、衆人環視の中で、順位が明確となります。こうしたことも順位付けを避ける要因になったのではないかと思います。しかし、子どもたちには現実を知ったうえで夢や目標を持って努力してほしいと考えると、表面上の平等主義がいいとはけっして思えません。

●なぜ、人は走りたいと思うのか

私たちは普段、どうやって歩くのか、走るときは脚の動かし方がどう違うのかなどと考えません。言葉にしてその方法を伝えることもできません。

「走り」の学び方を述べてきましたが、もちろん読んで覚えただけでは、走れるようにはならず、実際に身体を動かしてみて、身体で覚えなくてはいけません。走れるようになるのは、それが身体で「わかった」からです。

こういった身体で理解していること、覚えていることは「身体知」と呼ばれます。スポーツをする、楽器を演奏するといった技能も身体知です。

「走り」が重要な要素であることは、あらためて言うまでもありません。二足歩行のヒトとして系統発生的な動きであり、その上にさまざまな身体知を積み上げるのです。

「できるようになったときの感動」という意味では、サッカーボールでリフティングが三回しかできなかったのが簡単に一五回、二〇回とできるようになったとか、泳げるようになった、鉄棒で逆上がりができたといったことのほうが、興奮するかもしれません。

でも「走り」で「あ、これだ」とわかる感覚は、人間として基本的な部分での大きな可能性を身につけたとも言えるわけで、力が湧《わ》いてくるのではないでしょうか。あえて大きく言えば「夢を持つことにつながる」のではないかと思います。

本来、人間の生活には、運動が必然的に組み込まれていました。人間は生きていくうえで身体を動かすことが根底にあったということです。食物を得るためにも、コミュニケーションをとるためにも歩いて移動してきました。

ところが、子どもたちの遊びと同じように、現代において運動は、急速に生活から切り離されつつあります。ヒトとして進化してきた二〇〇万年という膨大な年月に対して、わずかここ三〇年ほどのことです。

そのため私たち人間には、「身体を動かしたい」「運動したい」という身体的な欲求が必ずあります。

だからこそ街のあちこちにスポーツクラブが登場しているわけですが、三〇年前の多くの人たちにとっては、その存在自体、よくわからないものだったのではないでしょうか。「わざわざ疲れるために、お金を支払ってまで、どうしてそんなところに通うのか」と疑問を持つ人も少なくなかったと思います。

長い人類の歴史での大きな価値観は、「疲れないようにしたい」というものでした。

ただでさえ生活や仕事で身体を酷使するのだから、できれば楽をしたい。当時の発想の根底にもそれがありました。

わずか三〇年のことですが、端的に現代との価値観の相違が浮かび上がります。そうした楽をしたいという欲求が現代の便利な社会を築いたともいえます。

自らが積極的に取り組もうとしない限り、身体を動かす機会が目に見えて減ってしまったのが現代です。興味を持つ人とそうでない人で、身体知にも大きな差が広がることも懸念されるのです。

●子どもは自然と身体を動かしたくなる

成長期の子どもたちに対しては、とくに「身体を動かしたい」という欲求を解放して、身体知を身につけさせてあげたいと思います。

「運動をしたら健康になる」「運動をしたら体力がつく」とよく言われます。でも、運動の後のことを目的に運動するのは、実は苦痛でしかありません。

大人でも「健康のために一〇キロ歩きなさい」と言われると、たいていの人は続きません。その同じ人が、小さなボールを追いかけていたら、いつの間にか一〇キロ歩いていた。しかも早起きして嬉々《きき》として、というのがゴルフというスポーツでしょう。そこには楽しさがあるからです。

子どもたちに、単に「走り方を覚えなさい」「走りなさい」と命じても、走れるようにはなりません。おもしろくないし、ただつらいだけです。

テレビゲームや携帯電話のない時代の子どもたちが、自然環境の中での遊びで「走り」を培ってきたのは、その遊びが無我夢中になるほどおもしろかったからにほかなりません。

ですからこれからは、運動も「おもしろい」ことが大前提でしょう。その方策をあらためて考えていかなければならない時代です。

それにはやはり、人との競争が「おもしろさ」を引き出す鍵になります。勝っても負けても、新たな向上心が生まれてくるのが競争です。これは人間の本能といってもいいでしょう。

「走り」という運動は、ボールゲームほど、技能の習得に時間がかからず、シンプルに一目瞭然の結果を生み出します。これはうまく指導することでおもしろさのエネルギー源になります。勝った喜びや負けた悔しさは、本来、次へのステップになるものなのです。運動会を目標に取り入れるのもいいことだと思います。

ただし、ここで足かせとなるのは「負けた子はかわいそう」という意見です。

これに対して私は、以下の二点を提言しています。

一つは徒競走では、ほとんどの場合、五〜六人グループで競い合います。すると学年が上がっても、再び前年同様のグループ分けになってしまうようなケースが起こりがちです。たとえ自分が速く走れるようになっていたとしても、前年と順位が変わらないことがあるわけです。そこで昨年の自分と比べて、どのくらい速くなっていたのか、しっかり評価してあげることが必要です。これは、ビデオ撮影で簡単に評価できます。

そしてもう一つ、足の遅い子は別の可能性があるということを、普段の生活や運動の指導の中でしっかりと見極めて教えてあげることです。

たびたび「昔は……」という話になって恐縮ですが、かつて遊び道具も十分ではなかった時代、子どもたち自身で遊びそのものを創意工夫していました。その中から「あの子は走るのは遅いけれど、ボール投げはうまい」「走るのは速いけれど、すぐにスタミナが切れてしまう」、あるいは「リーダー的存在で、いつもおもしろい遊び方を考える」などといった、それぞれの特徴も見えてきたものです。

これは子どもたち自身にとっても、得手・不得手などを自覚する絶好の機会でした。

身体知や身体技法のほかにも、遊びで培われてきたこと、つまり集団生活ということの本質を、現代の環境の中にプログラムとして組み込んでいくことが大切だと考えています。

●記録の限界はわからない

バイオメカニクスの発達によって、スポーツや日常生活での動きが「正しく実践できる」ようになっています。

選手たちが記録を伸ばすのも、高齢化社会を迎えて、人々が楽に動くのも、子どもたちが元気に走り回るのもすべて身体の動きですから、バイオメカニクスの果たす役割は大きいと言えます。

人間の運動能力を向上させてきたのは、第2章の最後でも述べたように、「競争という文化」でした。競技の最先端の話に戻して本書を終えたいと思います。

国際陸上競技連盟に残っている一〇〇メートル走でもっとも古い記録が、一八六七年、イギリスのウィリアム・マクラーレンという選手による一一秒〇です。

前述のとおり、最初に一〇秒を切ったのは、一九六八年、メキシコ・オリンピックのジム・ハインズ選手（アメリカ）で、記録は九秒九五でした。会場は標高二二四〇メートルのメキシコシティーでしたから高地記録となりました。気圧が低く、空気抵抗が少ないので好記録が出やすいのです。

平地で初めて一〇秒の壁を突破したのが、一九八三年、アメリカ・カリフォルニア州の競技会で九秒九七をマークしたカール・ルイス選手です。

人類は記録を更新しつづけてきました。そのペースは単純に平均すると、一〇年で〇・一秒速くなっているということになります。

こう述べてくると人間がどこまで速くなるか、あるいは記録の限界がどこにあるのかと聞きたくなる人も多いかと思います。しかし、こうしたことをバイオメカニクスから予測することはできません。

横軸に西暦を、縦軸にタイムをとって「このくらいだろう」と推測している例はあります。

それはそれでおもしろいかもしれませんが、単に経緯をもとにした予測ですから、科学的なものではなく、統計的な指摘です。人間の筋力の限界がどこにあるから理想的な走りをしたらこれぐらいの記録が出る、などと言える研究者は世界中どこにもいないでしょう。

さまざまな運動中に生じる力や、力学的なエネルギーを調べるのがバイオメカニクスという学問ですが、残念ながら人間の限界ということには答えられないのです。

ただし、予測とは別に、明るい未来を語ることはできます。

あらためて言えることは、いつ日本人選手が一〇秒を切ってもおかしくないということです。さらに言えば、一〇秒を切る選手が複数出てくる可能性も高い。個別の選手の筋力や動きから、論理的に考えていくとそのことは明言できます。

二本脚で歩き、走る唯一の動物として、人間はここまで進化を遂げてきました。日本人もその最前線にいるのです。科学の視点から思いをめぐらせると、その不思議さ、偉大さがより深く理解できるのではないでしょうか。

〈参考文献〉

深代千之『〈知的〉スポーツのすすめ』東京大学出版会、二〇一二年
深代千之『新・運動会で一番になる方法』ラウンドフラット、二〇一三年
深代千之『骨・関節・筋肉の構造と動作のしくみ』ナツメ社、二〇一四年

切りとり線

★読者のみなさまにお願い

この本をお読みになって、どんな感想をお持ちでしょうか。祥伝社のホームページから書評をお送りいただけたら、ありがたく存じます。今後の企画の参考にさせていただきます。また、次ページの原稿用紙を切り取り、左記まで郵送していただいても結構です。

お寄せいただいた書評は、ご了解のうえ新聞・雑誌などを通じて紹介させていただくこともあります。採用の場合は、特製図書カードを差しあげます。

なお、ご記入いただいたお名前、ご住所、ご連絡先等は、書評紹介の事前了解、謝礼のお届け以外の目的で利用することはありません。また、それらの情報を6カ月を越えて保管することもありません。

〒101-8701（お手紙は郵便番号だけで届きます）
祥伝社新書編集部
電話03（3265）2310
祥伝社ホームページ　http://www.shodensha.co.jp/bookreview/

★本書の購買動機（新聞名か雑誌名、あるいは○をつけてください）

＿＿＿新聞の広告を見て	＿＿＿誌の広告を見て	＿＿＿新聞の書評を見て	＿＿＿誌の書評を見て	書店で見かけて	知人のすすめで

★100字書評……日本人は100メートル9秒台で走れるか

名前

住所

年齢

職業

深代千之　ふかしろ・せんし

東京大学大学院総合文化研究科教授。1955年、群馬県生まれ。東京大学大学院教育学研究科修了。教育学博士。鹿屋体育大学、(財) スポーツ医・科学研究所、東京大学大学院総合文化研究科、同大学院情報学環を経て現職。国際スポーツバイオメカニクス学会理事。著書に『〈知的〉スポーツのすすめ』(東京大学出版会)、『運動会で1番になる方法』(アスキー・メディアワークス)、『じつはスゴい股関節』(ポプラ社) など。

日本人《にほんじん》は100メートル9秒台《びょうだい》で走《はし》れるか

深代千之《ふかしろせんし》

2014年 4 月10日　初版第 1 刷発行

発行者……………竹内和芳
発行所……………祥伝社しょうでんしゃ
〒101-8701　東京都千代田区神田神保町3-3
電話　03(3265)2081(販売部)
電話　03(3265)2310(編集部)
電話　03(3265)3622(業務部)
ホームページ　http://www.shodensha.co.jp/

装丁者……………盛川和洋
印刷所……………萩原印刷
製本所……………ナショナル製本

Printed in Japan　ISBN978-4-396-11363-6　C0245

〈祥伝社新書〉
ベストセラー！　大人が楽しむ理系の世界

229
生命は、宇宙のどこで生まれたのか
「宇宙生物学（アストロバイオロジー）」の最前線がわかる！
国立天文台研究員　福江　翼

234
9回裏無死1塁でバントはするな
まことしやかに言われる野球の常識を統計学で検証！
東海大学准教授　鳥越規《のり》央《お》

242
数式なしでわかる物理学入門
物理学は「ことば」で考える学問である。まったく新しい入門書
神奈川大学名誉教授　桜井邦《くに》朋《とも》

290
ヒッグス粒子の謎
なぜ「神の素粒子」と呼ばれるのか？　宇宙誕生の謎に迫る
東京大学准教授　浅井祥《しょう》仁《じ》

338
大人のための「恐竜学」
恐竜学の発展は日進月歩。最新情報をQ＆A形式で
北海道大学准教授　小林快次　監修
サイエンスライター　土屋　健　著

〈祥伝社新書〉
スポーツ・ノンフィクションの傑作

061
今さら聞けないゴルフのセオリー
人気No.1ティーチングプロが教える「正しい自分流」の見つけ方
ティーチングプロ
金谷《かなたに》多《た》一《いち》郎《ろう》

106
メジャーの投球術
「PAP（投手酷使度）」など、メジャーリーグはここまで進んでいる！
スポーツライター
丹《に》羽《わ》政《まさ》善《よし》

107
プロフェッショナル
プロの打撃、守備、走塁とは。具体的な技術論をエピソード豊富に展開
元プロ野球選手、野球解説者
仁《に》志《し》敏《とし》久《ひさ》

293
プレミアリーグは、なぜ特別なのか
130年の歴史を持つイングランドのトップリーグ、その〝魔境〟のすべて
作家、翻訳家
東《ひがし》本《もと》貢《こう》司《じ》

354
組織《チーム》で生き残る選手　消える選手
平均引退年齢が26歳のJリーグで39歳までプレーできた理由とは
横河武蔵野FC監督
吉田康弘